Dagmar Schweitzer de Palacios,
Lena Muders, Schabnam Kaviany (Hrsg.)

Am Anfang war das Objekt.
Die Ethnographische Sammlung
der Philipps-Universität Marburg und
die Annäherung an ihre Gegenstände

D1726247

Reihe Curupira Workshop im *kula* Verlag, Band 21

CURUPIRA WORKSHOP
im *kula* Verlag

Dagmar Schweitzer de Palacios,
Lena Muders, Schabnam Kaviany (Hrsg.)

Am Anfang war das Objekt

Die Ethnographische Sammlung
der Philipps-Universität Marburg und
die Annäherung an ihre Gegenstände

kula Verlag

Dr. Edgar Bönisch
Frankfurt am Main

Der Förderverein *Curupira. Förderverein Kultur- und Sozialanthropologie in Marburg e.V.* ist ein Zusammenschluss von Freund*innen und Unterstützer*innen der Marburger Kultur- und Sozialanthropologie und wurde 1993 gegründet. Seine Aufgabe besteht unter anderem in der Herausgabe der ethnologischen Schriftenreihen ›Curupira‹ und ›Curupira Workshop‹.

Bibliografische Information der Deutschen Nationalbibliothek
Die Deutsche Nationalbibliothek verzeichnet diese Publikation in der Deutschen Nationalbibliografie; detaillierte bibliografische Daten sind im Internet über http://dnb.dnb.de abrufbar.

Gedruckt auf alterungsbeständigem, säurefreiem Papier.

Umschlaggestaltung und Satz: Lena Muders; Abbildung: Schaudepot der Ethnographischen Sammlung, Ethnographische Sammlung, 2018

© *kula* Verlag Dr. Edgar Bönisch und
Curupira. Förderverein Kultur- und Sozialanthropologie in Marburg e.V.
Frankfurt am Main 2020
ISBN 978-3-945340-21-9
www.kulaverlag.de

Inhaltsverzeichnis

Vorwort

DAGMAR SCHWEITZER DE PALACIOS

Eine Mythe der südwestamazonischen Tukano erzählt, wie die Menschen nach einer Reihe von Geschehnissen aus Objekten erschaffen werden.[1] Die überlieferten Objekte des „Anfangs vor dem Anfang" bilden Teil des Kosmos und zugleich Teil der materiellen Kultur dieser indigenen Gesellschaft. Für die Tukano sind diese Gegenstände daher auch weiterhin Menschen, deren Umgang strengen Auflagen und Verhaltensregeln unterliegt.

Während ihrer Lehrzeit sammeln andine Schamanen an den Hochlandseen Steine, um sie in ihre Heilaltäre zu integrieren. In den Steinen materialisieren sich Kräfte und Mächte entsprechend des kultur- und lokalspezifischen Weltbilds, als deren Träger sie die Grundlage der Macht des Schamanen konstituieren und bei den Heilritualen zum Einsatz kommen. Ähnlich wie die Objekte der Tukano werden auch die Steine als lebendige Wesen aufgefasst und als solche gepflegt und gehegt (Schweitzer de Palacios 2013).

Wie die Beispiele zeigen, kommt in der Perspektive der jeweiligen Gesellschaft bestimmten Objekten eine besondere ontologische und kosmologische Rolle zu. Sie stehen am Anfang der Schöpfung und am Anfang der Karriere, aus ihnen gehen die Menschen beziehungsweise die Macht des Schamanen hervor. Wie die Beispiele weiterhin deutlich machen, sind diese emischen Qualitäten der Objekte aus der Außenperspektive nicht wahrnehmbar, sondern werden erst durch die Einbeziehung indigener Sinngehalte aufgedeckt. Erst die Kenntnisse über die Zusammenhänge machen die Objekte auch für Außenstehende zu Objekten, denen eine religiöse, spirituelle oder auch individuelle Bedeutung innewohnt.

Objekte aus fernen Kulturen bilden den Bestand von ethnographischen Sammlungen, wohin sie auf verschiedenen Wegen und vielfach ohne Angaben zu ihrer genauen Herkunft oder gar zu ihren kulturspezifischen Kontexten gelangten. Die Objekte in den Sammlungen spiegeln die Aktivitäten verschiedenster Beteiligter wider - Reisender, Forschender, Kolonialbeamter, von Händler*innen und Missionar*innen (vgl. Flitsch 2018: Prolog), die sie als Zeugnisse von Kultur und Kulturen mitbrachten und sammelten. Als solche wurden sie dort mit anderen Objekten

---

1 Siehe Beitrag von Schweitzer de Palacios „Am Anfang war das Objekt" im vorliegenden Band.

vergesellschaftet, musealen Kategorien zugeordnet und gegebenenfalls ausgestellt; sie wandelten sich zu Trägern eines Weltbilds, in dem theoretische und pragmatische Kriterien als Ordnungsprinzipien dominieren. Zeitweise wissenschaftlich vernachlässigt, stellen ethnographische Objekte gegenwärtig wieder einen wichtigen ethnologischen Forschungsbereich dar. Die Perspektiven und Ansätze der Objektforschung haben sich erweitert und stehen unter anderen Vorzeichen als zur Zeit ihres Sammelns. Das Objekt stellt darin einen Anfang von Begegnungen zwischen Menschen dar, die alle Beteiligten an seinem jetzigen Dasein mit einschließen. Indigenes Wissen um Schaffensprozesse und -kontexte ebenso wie Intention von Sammler*innen, unterschiedliche Handlungen und Gestaltungen am Objekt sind nur einige Themenschwerpunkte, die zwar nicht unbedingt neu, aber dialogisch gedacht im Fokus stehen und zu Neubewertungen der Objekte und Sammlungen führen (vgl. Flitsch 2018: 8-9; siehe auch Kramer 2019). Meist sind es die Ausstellungen, die ein Museum nach außen hin tragen, aber ein Vielfaches an Auseinandersetzungen mit dem Objekten spielt sich im Hintergrund in den Sammlungen ab. Infolge aktueller öffentlich geführter Debatten kommt Museen und Sammlungen die Aufgabe zu, ihre Bestände für jedermann zugänglich und interne Arbeitsabläufe transparent zu machen. Auch wenn sie alle kulturelles Erbe bergen, jedes Museum, jede Sammlung ist individuell. Die Objekte und die Geschichte(n) „drumherum" sind Teil eines Wissens, das es zu rekapitulieren, zu erweitern und zu vermitteln gilt. Aus diesem Anliegen heraus entstand vorliegender Sammelband, der einen Einblick in heutige Aktivitäten in der Ethnographischen Sammlung der Marburger Philipps-Universität gibt.

Die Ethnographische Sammlung mit ihren inzwischen etwa 6000 Objekten und 12 000 Fotografien gehört zum Fachgebiet der Kultur- und Sozialanthropologie. Zwei wichtige Ereignisse fanden in den letzten Jahren statt. 2014/2015 wurden Institut und Sammlung zum ersten Mal voneinander getrennt. Die Sammlung hat ein weiträumiges, abseitig gelegenes Gebäude bezogen, während das Institut in einem zentralen Gebäude in der Innenstadt seinen neuen Standort gefunden hat. Doch gibt es im Institut einen Raum für ethnologische Sonderausstellungen, der im Jahr 2015 mit der Ausstellung „KrisenMomente" eröffnet wurde. Mit dem neuen Ort wurde auch der alte Name „Völkerkundliche Sammlung" überdacht. Der Begriff der Völkerkunde wurde als unzeitgemäß betrachtet, weshalb die Sammlung 2018 in „Ethnographische Sammlung" umbenannt wurde. Dieser Prozess folgte den aktuellen Tendenzen von Umbenennungen, die an den meisten deutschen Universitäten und ethnologischen Museen zu beobachten sind (Kraus 2015: 8-10; zuletzt das Völkerkunde Museum Hamburg, jetzt Museum am Rothenbaum – Kulturen und Künste der Welt MARKK 2018). Das Marburger Fachgebiet Völkerkunde hatte bereits 2010 seinen Namen in Kultur- und Sozialanthropologie geändert.[2] Das Beiwort „ethnographisch" in der Bezeichnung der Sammlung bezieht sich auf die beschreibende Annäherung an (fremde) Gesellschaften. In Verbindung mit Sammlung und ihren Objekten weist es auf die Methode hin, Gegenstände dieser Gesellschaften zu sammeln und systematisch zu erfassen, um sie als Quelle für Forschung und Lehre nutzbar zu machen. Dies geschieht in Marburg traditionsgemäß seit Bestehen der Sammlung. Im vorliegenden Sammelband werden wir die aktuellen Bezeichnungen von Fachgebiet und Sammlung benutzen, es sei denn, der historische Zusammenhang und entsprechende Literatur machen die Verwendung des Begriffs Völkerkunde bzw. völkerkundlich erforderlich. Denn bevor wir uns der Gegenwart zuwenden können, müssen wir kurz auf wichtige Ereignisse zurückblicken.

Vor beinahe zwei Jahrzehnten erschien die Aufsatzsammlung „„…ohne Museum geht es nicht'. Die Völkerkundliche Sammlung der Philipps-Universität Marburg" (Voell 2001) von Studierenden und Absolvent*innen der Marburger Völkerkunde zur Geschichte des Faches und zu Objekten der Sammlung. Darin geht Michael Kraus auf die enge Beziehung von Sammlungs- und Fachgeschichte ein, die auch ein Stück Zeitgeschichte und Wissenschaftsgeschichte reflektiert. Denn das Entstehen der Sammlung fällt in eine Zeit, als theoretische Ansätze der beginnenden Ethnologie oder Völkerkunde die Verbreitung von vergleichbaren Gegenständen über geografische Räume hinweg betrachteten und materielle Kultur als Zeugnis kulturhistorischer Entwicklung auffassten. In Marburg fanden damals Vorlesungen mit ethnologischen Inhalten in der Geografie statt. Die Überzeugung, nur mit geeigneten Materialien den Unterricht erfolgreich durchführen zu können, führte Mitte der 1920er Jahre schließlich zur Gründung einer Sammlung (Kraus 2001: 38). Vor der Einrichtung des Faches stand also die Ethnographische Sammlung. Diese Reihenfolge teilt Marburg mit vielen großen ethnologischen Museen,

---

2   An dieser Stelle wird nicht auf die Debatte um die Benennungen der Wissenschaft und ihrer Institutionen eingegangen. Siehe dazu https://blog.uni-koeln.de/gssc-whatsinaname/ (letzter Zugriff 15.08.2019). Hier seien nur zwei Argumente genannt, die die Deutsche Gesellschaft für Völkerkunde anlässlich ihres Antrags auf Umbenennung in Deutsche Gesellschaft für Sozial- und Kulturanthropologie aufgeführt hat. Dem Begriff Völkerkunde hafteten vergangene Verstrickungen völkerkundlicher Theorien mit rassistischen und völkischen Ideologien des Nationalsozialismus an. Außerdem entspräche Völkerkunde nicht mehr den zeitgemäßen Inhalten der Wissenschaft, die sich nicht mehr mit klar abgrenzbaren sozialen und kulturellen Gruppen beschäftigt, sondern "die Menschen in ihren … kulturellen, sozialen, ökonomischen und politischen Bezügen in den Fokus rücken, wobei ethnische Zugehörigkeit nur noch eine Kategorie neben anderen wie sozialer Status, Geschlecht, Alter oder religiöse Selbstverortung darstellt, die menschliches Handeln prägen" (DGV-Vorstand 2017: 12).

die sich seit Mitte des 19. Jahrhunderts als Forschungs- und Bildungsstätten in Deutschland etablierten, bevor das Fach in den Universitäten gleichen Orts seinen Einzug nahm. Auch als sich in den 1960/70er Jahren die Perspektiven kultur- und sozialanthropologischer Forschung von der so genannten materiellen Kultur zeitweise abwandten und sich die Institutionen Museum und Universität vielerorts personell und funktionell voneinander lösten, blieb das Fach in Marburg mit der Sammlung verhaftet. Damals hatten sich die Völkerkundliche Sammlung und das Fach Völkerkunde mit einem Lehrstuhl institutionalisiert.[3] Inzwischen trugen wissenschaftspolitische und fachliche Entwicklungen (nicht nur) im deutschsprachigen Raum dazu bei, dass ethnographische Objekte in Sammlungen und Museen wieder ins öffentliche und wissenschaftliche Interesse gerückt sind. Im Jahr 2011 sprach der Deutsche Wissenschaftsrat[4] Empfehlungen zu wissenschaftlichen Sammlungen als Forschungsinfrastruktur aus[5], die zu einem Wiederentdecken und einer Aufwertung universitärer Sammlungen führte. An der erneuten Hinwendung der Kultur- und Sozialanthropologie zu den Objekten ist weiterhin abzulesen, dass auch Museen und ethnographische Sammlungen als Forschungsfeld wieder interessant geworden sind. Nach Jahren der Trennung haben sich damit die Institutionen Universität und Museum wieder angenähert – eine Trennung, die es in Marburg, wie gesagt, nicht gab. Dort war bzw. ist jeder Lehrstuhlinhaber zugleich Leiter der Ethnographischen Sammlung, wodurch sich das stetige Interesse an ihrer Erweiterung und ihrer Einbindung in die Lehre erklärt. Eine Vielzahl an Objekten wurde von ethnologischen Feldforschungsaufenthalten bei indigenen Ethnien und marginalen Bevölkerungsgruppen mitgebracht, deren Lebensformen das Interesse der Kultur- und Sozialanthropologie in Marburg bilden. Die Übernahme von Sammlungen anderer musealer Einrichtungen, wissenschaftlicher Nachlässe oder privater Schenkungen führte zu einer bedeutenden Aufstockung des Bestan-

---

3   Personelle Veränderungen und der 2. Weltkrieg hatten die Entwicklung der Sammlung und damit des Faches (nicht nur) in Marburg unterbrochen. In den 1950er Jahren fanden schließlich Sondierung und Ausbau der Sammlung statt und es wurde eine erste Völkerkundeprofessur berufen. Mit der Übernahme der Lehrtätigkeit durch Horst Nachtigall (1963 - 1988) folgten eine schrittweise institutionelle Etablierung der Sammlung als Völkerkundliche Sammlung und 1968 mit der Erweiterung zum Völkerkundlichen Seminar auch des Faches Völkerkunde an der Marburger Universität (Kraus 2001: 53 ff; Schweitzer de Palacios 2019).

4   Der Wissenschaftsrat setzt sich aus 32 Mitgliedern aus Wissenschaft und Persönlichkeiten des öffentlichen Lebens zusammen, die durch den Bundespräsidenten ernannt werden. Der Wissenschaftsrat berät die Bundesregierung und die Regierungen der Länder in Fragen der inhaltlichen und strukturellen Entwicklung der Hochschulen, der Wissenschaft und der Forschung (www.wissenschaftsrat.de/home.html, letzter Zugriff 15.08.2019).

5   Siehe   www.wissenschaftsrat.de/download/archiv/10464-11.pdf   (letzter   Zugriff 15.08.2019).

des. Zu nennen ist hier insbesondere die Wiesbadener Sammlung Nassauischer Altertümer, die archäologische und ethnographische Objekte vorwiegend aus dem 19. Jahrhundert enthält und seit Mitte der 1960er Jahre zu der Sammlung gehört. Daneben gibt es in der Ethnographischen Sammlung Einzelobjekte und Objektgruppen aus dem Kunsthandwerk, die entweder direkt bei den Hersteller*innen oder über den Kunsthandel bezogen worden sind. Im Gegensatz zu den Anfangszeiten werden keine Objekte mehr „gesucht", um die Sammlung weiter auszubauen, sondern die meisten der Neueingänge werden auf Anfrage übernommen. Ein wichtiges Eingangskriterium ist ihre Herkunft aus gesichertem Kontext, das heißt dass der Erwerb der Objekte belegt werden kann.[6]

Nach außen hin präsentiert sich die Ethnographische Sammlung – wie eingangs erwähnt – auch nach ihrem Umzug durch fortlaufende Ausstellungen für das Marburger Publikum. Diese Tradition, die etwas jünger ist als die Einbindung der Sammlung in die Lehre, nahm 1979 ihren Anfang.[7] Im neuen Magazin richteten Mitarbeiter*innen der Sammlung und des Instituts zudem ein Schaudepot als Dauerausstellung ein, das die Vielfalt an Objekten der Ethnographischen Sammlung zeigt und unterschiedliche Sammelpraxen sowie vergangene und gegenwärtige Forschungsschwerpunkte des Instituts sichtbar macht. Der vordere Bereich des etwa 55 m² großen Raumes wird von insgesamt zehn mächtigen Holzvitrinen eingenommen, die den Grundstock der Einrichtung bilden.

In zwei Vitrinen finden sich diverse Gegenstände, die bis auf wenige Ausnahmen aus der Wiesbadener Sammlung Nassauischer Altertümer stammen: Wir begegnen einem Helm, einem Paar Sandalen und einer Nackenstütze aus Japan; Geschirr aus Porzellan, einer Elfenbeinkugel, einem Spiel, mehreren Opiumpfeifen, Gewichten und einer Waage aus China; einer Gebetsmühle, Zimbeln, Ritualglocken und einem Muschelhorn aus Tibet sowie Messern, Stempeln, Bronzefiguren teils mit Halbedelsteinen geschmückt und einer Beteldose aus Indien.

In der anschließenden Vitrine entdecken wir eine Bambusrolle mit Schriftzeichen, Bambusbüchsen und -behälter aus Borneo; Figuren und Theaterpuppen aus Java; einen Rückenkratzer aus Taiwan; Schwerter und Messer aus Java und Borneo; eine geflochtene Tasche aus Bali; eine Trompete, Schale und Körbe und einen Kinderschurz aus Papua Neuguinea und einen großen Hut ebenfalls aus Borneo.

---

6   Die meisten Objekte der Ethnographischen Sammlung sind gut dokumentiert. Ausnahmen bilden Objekte der genannten Wiesbadener Sammlung Nassauischer Altertümer. Siehe dazu Beitrag Schweitzer de Palacios „Am Anfang war das Objekt" im vorliegenden Band.
7   Eine erste, noch einmalige Ausstellung erfolgte bereits 1977 (Kraus 2001: 57).

Zwei Vitrinen führen uns nach Afrika, das trotz eines seit Jahrzehnten ausgepräg-
ten Lateinamerika-Schwerpunktes der Marburger Ethnologie immer wieder in
Forschung und Lehre vertreten war.[8] Die Objekte dieser Vitrinen gehen teils auf
ethnologische Feldforschungen, teils auf Privat- und Kunstsammlungen zurück.
Dabei handelt es sich um eine Schale, eine Zupfharfe und eine Gitarre aus Kame-
run; geschnitzte Figuren und Masken der Yoruba aus Nigeria; ein Prunkbeil vom
Oberen Sambesi; Utensilien eines Königs der Akhan aus Ghana - ein Holzschemel, Sandalen, ein Holzschwert und eine Kopfbedeckung; mehrere Masken der
Senufo von der Elfenbeinküste. In der zweiten stehen ein Becher, ein Korb, ein
Ziseliereisen, ein Parfümgefäß aus dem Tschad, einige ‚moderne' Figuren aus Ke-
nia; mehrere geschnitzte Löffel sowie drei Stoffpuppen vermutlich aus Botswana,
die schwarze Frauen in europäischer Tracht darstellen.

Eine weitere Vitrine präsentiert einige farbenprächtige Keramikfiguren der Purhé-
pecha (Tarasken) aus Nordwestmexiko. Sie gehören zu einer kunsthandwerklichen
Sammlung von insgesamt 54 Stücken, die in den 1980er Jahren für die Sammlung
angefertigt worden sind. Die ausgestellten Keramiken stellen humoristische Sze-
nen mit unterschiedlichsten Charakteren dar, die religiöse und profane Themen in
sich vereinigen: Teufel, Skelette, Feiernde, Tänzer, Fantasiefiguren wie eine Meer-
jungfrau aber auch „normale" Personen, die auf einem Motorrad fahren.

Der Andenraum, die angrenzende Montaña und Amazonien finden sich in der
nächsten Vitrine vereint, die eine bunte Mischung verschiedenster Artefakte enthält. Wir sehen ein Nazcagefäß und eine Opferschale aus dem alten Peru; einen
Tanzgürtel und einen Rasselteller von den Aguaruna sowie Keramiken von den
Shipibo aus dem heutigen Peru; Keramikschalen und anthropomorphe Keramikfiguren von den Kichwa des Tieflands Ecuadors. Alle folgenden sind aus Brasilien
oder dem Grenzgebiet zu Kolumbien: eine Maniokreibe vom Rio Negro (Ethnie
unbekannt); ein Schemel der Tukano; Pfeile und Keramikschale der Makú; Figuren
der Karajá und Kämme, Körbchen und Schmuck der Wananó. „Verirrt" hat sich
in die Vitrine auch eine Kachina-Figur der Hopi Nordamerikas.[9]

Von den nordwestbrasilianischen Canela beherbergt die Ethnographische Sammlung etwa 700 Objekte. Sie bilden damit die umfangreichste Sammlung materieller Kultur einer Ethnie, sodass ihnen gleich zwei Vitrinen gewidmet sind. Dort
wird eine Auswahl diverser Alltagsgegenstände präsentiert: Körbe in allen Formen und Größen, Kalebassen, Staubwedel, Feuerfächer, eine Kindertrage, Holz-

---

8   Zu nennen sind hier stellvertretend Barbara Frank, Georgia Rakelmann und Godula
Kosack sowie in jüngerer Zeit Erika Dahlmanns.

9   Aus Nordamerika gibt es nur sehr wenige Objekte in der Sammlung.

figuren, einen Behälter aus Nandu-Ei, Kinderspielzeug aus Holz und einige für den Tausch gedachte Schmuckgegenstände. Außerdem weisen uns Kopfschmuck mit und ohne Federn, Läufergürtel, Wadenschmuck, Laufhölzer, Rasseln, Sängerinnengürtel und Armschmuck auf kulturelle Bereiche der Canela hin, die nicht selbsterklärend sind. Die Canela-Sammlung geht auf die Forscher Jürgen Dieckert, Jakob Mehringer und Andreas Kowalski zurück, die vorwiegend in den 1990er Jahre die Objekte gesammelt und sie später nach Marburg gebracht haben. 2018 kamen weitere von Matthias Ries hinzu, der die Forscher seinerzeit als ehrenamtlicher Mitarbeiter begleitete. Für das Institut nehmen die Canela und ihre Objekte eine wichtige Rolle in Lehre und Forschung ein - sie waren Thema einer Dissertation, mehrerer Ausstellungen und eines Lehrforschungsprojektes.[10]

Im hinteren Abschnitt des Schauraums befinden sich schließlich zwei Vitrinen, in denen Objekte eines Tchaba-Altars aus Westafrika und eines Altars des Maria Lionza-Kultes aus Venezuela angeordnet sind. Sie bilden Portal für den von Lioba Rossbach de Olmos nachgestellten Schrein aus der afrokubanischen Religion der Santería am Ende des Raumes.[11] Die Altäre gehören zu einer 2012 übernommenen Schenkung aus dem Düsseldorfer Museum Kunstpalast und spiegeln durch ihren vornehmlich afroamerikanischen Bezug einen weiteren aktuellen Forschungsschwerpunkt des Instituts wider.

An diesen Rundgang durch die Objektwelt der Sammlung wollen wir mit unseren Beiträgen anknüpfen und einige (Innen-)Einsichten und Forschungen darstellen. In räumlicher Hinsicht führt der Weg der Studierenden jetzt nicht mehr unmittelbar „am Museum vorbei" wie noch zu Zeiten des Kugelhauses (Voell 2001: 7 ff.). Auch schreiben die aktuellen Studiengänge des Bachelor für Vergleichende Kulturwissenschaft und des Master in Kultur- und Sozialanthropologie keine klassische Museumsübung zum Erwerb des „Museumsscheins" mehr vor. Diese forderte von den Studierenden eine tiefgehende Auseinandersetzung mit einem Objekt, um es in kulturelle und gesellschaftliche Kontexte zu stellen. Dennoch finden interessierte Studierende weiterhin ein breites Angebot an eingehenden Veranstaltungen zu materieller Kultur, die Objekte der Sammlung oder Themen aktueller Museumsdebatten in den Blick nehmen. Auf großes Interesse stoßen ethische Fragestellungen zu Postkolonialismus, Dekolonisierung und Umgang mit ethnographischen Objekten. 2015 legten zum Beispiel Teilnehmerinnen eines Lehrforschungsprojektes eine kleine Broschüre mit dem Titel „Darf das in die Vitrine? Ethische Fra-

---

10 Siehe dazu www.canela-forschungsprojekt.de (letzter Zugriff 15.08.2019).
11 Siehe Beitrag Rossbach de Olmos im vorliegenden Band. Da sich Rossbach de Olmos mit dem Santería-Altar in ihrem Artikel auseinandersetzt, gehe ich an dieser Stelle nicht weiter darauf ein.

gestellungen und ethnologische Ausstellungspraxis" vor. Ebenso bilden Objekte oder die Sammlung(en) auch weiterhin Schwerpunkt einiger Abschlussarbeiten. Insgesamt betrachtet ist die Kultur- und Sozialanthropologie in Marburg nach wie vor eine der wenigen deutschen Universitäten, an denen praxisbezogen eine fachspezifische Museumsausbildung angeboten wird.[12]

Eine Affinität zur so genannten materiellen Kultur und zur Ethnographischen Sammlung ist auch den vorliegenden Beiträgen zu entnehmen, die in zwei Teile gegliedert sind und die einen Einblick in die an die Sammlung gekoppelten Forschungsaktivitäten der Marburger Kultur- und Sozialanthropologie geben. Im ersten Teil geht es um das Objekt oder um Objekte: so zeigt Schweitzer de Palacios im Eingangsartikel Wege zur Annäherung an Gegenstände aus kultur- und sozialanthropologischer Perspektive auf. Ausgehend von konkreten Fallbeispielen aus der praktischen Museumsarbeit führt sie verschiedene Schritte zur Erschließung unbekannter Objekte vor, die aus verschiedenen Sammlungskontexten stammen. Die Suche nach Bedeutung und Hintergründen verknüpft sie mit Aspekten aus der Objekttheorie. Der Artikel stellt eine grundsätzliche Einführung in den Umgang mit (Museums-)Objekten dar, dient aber zugleich auch als Einstieg für die weiteren Beiträge. Bei den zwei anschließenden Aufsätzen geht es um ein bzw. mehrere Objekte, die die Autorinnen während Recherche- und Feldforschungsarbeiten für die Ethnographische Sammlung erwarben.

Von ihrem Aufenthalt 2015 in Querétaro (Mexiko) brachte Lisa Ludwig einige Devotionalien mit, die aus einem Heiligtum der Santa Muerte stammen. In ihrem Artikel zeichnet Ludwig die Entstehungsgeschichte der Heiligen im Kontext sozio-politischer Entwicklungen der Landesregion nach und macht ihre Bedeutung für die Bevölkerung durch eindrückliche Beschreibung des Heiligtums sichtbar. Eine detaillierte ikonografische Analyse enttarnt die Devotionalien als materiellen Ausdruck eines Volksglaubens, der Elemente der christlichen Religion transformiert, um sie den gesellschaftlichen Veränderungen und religiösen Bedürfnissen anzupassen.

Lena Muders setzt sich am Beispiel eines Couleurbands einer Marburger Studentenverbindung mit Mensch-Ding-Beziehungen auseinander, indem sie verschiedene anthropologische Ansätze aus der Objekttheorie miteinander verbindet. Basierend auf Daten ihrer Feldforschung ordnet sie das Band in seinen kulturellen Kontext ein und verknüpft seine Biografie mit der seines Besitzers. Im Ergebnis stellt sie kollektive und individuelle Bedeutungszuschreibungen fest, die das Band zum Identifikationszeichen der Verbindung und zum Teil der Persönlichkeit des

---

12 Vgl. Scholz 2009. Siehe auch Adda; Klasing; Münzel (Hrsg.) 2015.

Trägers gleichermaßen machen. Unter diesem Aspekt betrachtet besitzt das Band auch Wirkungscharakter, der es befähigt, menschliche Interaktion zu beeinflussen.

Auf die Spurensuche begibt sich Schabnam Kaviany in ihrem Artikel, die sich kreativ einem offensichtlich alten chinesischen Bronzekessel aus der Wiesbadener Sammlung Nassauischer Altertümer annähert. Das Objekt, zu dem konkrete Angaben fehlen, ist Teil einer Reihe von Gegenständen, die Kaviany im Rahmen eines Workshops maßstabsgetreu abzeichnete. Dieses Vorgehen öffnete ihr den Zugang zum Kessel, seiner Form und seiner Motive, deren Bedeutung sie sich im Weiteren unter Heranziehung historischer und archäologischer Quellen erschließt. Durch die künstlerische Reproduktion wird der Kessel somit zu einem Medium, das den Prozess eines intensiven interpretativen Dialogs anregt und, ganz im Sinne der Kultur- und Sozialanthropologie, eine Brücke zu fremden Welten und fremden Zeiten bildet.

Der zweite Teil des Buches ist zwei bedeutenden Teilsammlungen der Ethnographischen Sammlung gewidmet, die aus ganz unterschiedlichen Herkunftskontexten stammen. Bei der Aufarbeitung dieser Sammlungsbestände steht nicht (nur) der jeweilige Herkunftskontext im Mittelpunkt, sondern die jeweilige Bedeutung für fachgeschichtliche Aspekte (nicht nur) der Marburger Kultur- und Sozialanthropologie.

Die erste Teilsammlung bilden Aegyptiaca, das heißt Objekte aus dem Alten Ägypten, die durch ihr Alter eine Art Exotica in der Sammlung darstellen. Unter den zum Teil sehr wertvollen und einzigartigen Stücken befindet sich die so genannte Goldmumie aus der Wiesbadener Sammlung Nassauischer Altertümer, die Faszination nicht nur bei Besucher*innen und Ägyptolog*innen, sondern auch bei Studierenden der Völkerkunde bzw. Kultur- und Sozialanthropologie auslöst. Schweitzer de Palacios zeigt den Werdegang dieser Mumie nach Ankunft in der Ethnographischen Sammlung Mitte der 1960er Jahre auf und führt vor, wie verschiedene Generationen von Studierenden die Mumie für sich erschließen, sei es durch eine schiere Untersuchung des Gegenstandes, über den Kontext Tod und Jenseitsvorstellungen oder aber im Rahmen der Debatte um menschliche Überreste im Museum. Sie schließt mit einem Blick auf zukünftige Forschungsperspektiven.

Im letzten Artikel setzt sich Lioba Rossbach de Olmos mit einer Sammlung so genannter „Altäre" aus Lateinamerika und der Karibik auseinander. Wie erwähnt, sind diese als Schenkung des Düsseldorfer Museum Kunstpalast der Ethnographischen Sammlung vermacht worden. Sie bildeten dort Teil der Ausstellung „Altäre – Kunst zum Niederknien", die 2001-2002 in der nordrheinwestfälischen Landeshauptstadt stattfand. Rossbach de Olmos geht der Vorgeschichte dieser Ausstellung nach und zeigt anhand des damaligen Schriftverkehrs sowie eingehender Rezensionen die Problematik auf, „Kunst"-ausstellungen mit ethnologischen Vorgaben zu vereinen. Entsprechend eines Forschungsschwerpunktes der Marburger Kultur- und Sozialanthropologie nimmt sie insbesondere die Herkunftsgeschichte einiger afroamerikanischer Altäre in den Blick und thematisiert das Spannungsfeld zwischen „echt" und „nachgebaut". Abschließend fasst sie in einer Kritik die Mängel der Düsseldorfer Ausstellung aus ethnologischer Perspektive zusammen.

Die Beiträge stellen Objekte bzw. Sammlungen vor, die auf unterschiedlichem Weg in die Ethnographische Sammlung gelangt sind. Die Eingangsgeschichte, die (nicht-) vorhandene Dokumentation und Feldforschungserfahrung wirken sich erwartungsgemäß auf die Herangehensweise und Analyse der Autorinnen aus. Die Beiträge sind daher ganz unterschiedlich konzipiert, doch bei allen stehen Geschichten rund um Objekte im Mittelpunkt. Der Rundgang durch den Schauraum und die Texte sind als Anreiz zu verstehen, die Ethnographische Sammlung mit ihren Gegenständen auch in zukünftige Forschungsvorhaben mit einzubinden. Durch die Verlagerung in die neuen Räumlichkeiten sind die meisten der Objekte ausgepackt und sichtbar und laden zu einer wissenschaftlichen Auseinandersetzung mit ihnen ein. Als Ethnographische Sammlung sind wir in der Pflicht, unsere Objekte und Sammlungen zugänglich zu machen, als Universitäre Sammlung haben wir darüber hinaus die Verantwortung, für die Ausbildung zukünftiger Museumsmitarbeiter*innen Sorge zu tragen. Die Vergangenheit hat gezeigt, dass eine stetige Neudeutung der Objekte und der ethnographischen Sammlungen erfolgt (Kramer 2019). Umso wichtiger ist es, die Positionen der einzelnen Standorte immer wieder zu vermitteln. In der Marburger Kultur- und Sozialanthropologie (ehemals Völkerkunde) war das Forschungsfeld materielle Kultur schon vor Bestehen des Faches eine Tradition, die mit diesem Sammelband fortgeführt wird. Die Objekte waren und sind dabei der Anfang.

Bevor wir jetzt zu den Beiträgen kommen, danken wir Frau Dr. Maike Powroznik, ehemalige Marburger Absolventin und seit 2012 Kuratorin der Amerika-Sammlungen am Völkerkundemuseum der Universität Zürich, ganz herzlich für die Durchsicht der Artikel und für ihre konstruktiven und anregenden Kommentare!

Literatur

Adda, Ferdaouss; **Klasing**, Korinna; **Münzel**, Mark (Hrsg.) 2015: Vorwort. In: Adda, Ferdaouss: *Ethnologen zwischen Beruf und Berufung: Tätigkeitsfelder und praktische Tipps zur Orientierung.* Curupira-Workshop 19, Marburg: Curupira, 7-10.

Ahle, Tatjana et al. 2015: *Darf das in die Vitrine? Ethische Fragestellungen und ethnologische Ausstellungspraxis.* Marburg: Philipps-Universität. [Unveröffentlicht].

DGV-Vorstand (2017) „Völkerkunde ad acta? Ein Denkanstoß zur Umbenennung der Deutschen Gesellschaft für Völkerkunde e.v." *DGV-Mitteilungen* 49: 12-14. Online verfügbar: www.dgska.de/wp-content/uploads/2017/09/Auszug_Mitteilungen_49_Namens%C3%A4nderung.pdf (letzter Zugriff 15.08.2019).

Flitsch, Mareile 2018: Prolog und Geleitwort. In: Flitsch, Mareile; Powroznik, Maike; Wernsdörfer, Martina; Haslwanter, Katharina Wilhelmina; Butty, Charlotte; Ferru, Michelle; Frey, Barbara; Graf, Josepha; Haabo, Vinije; Klemenz, Katharina; Maag, Nicole; Neyer, Livia; de Visser, Melanie; Widmer, Angela; Yongdan, Lobsang: *Begegnung – Spur – Karte. Das ethnografische Erbe von Heinrich Harrer und Peter Aufschnaiter.* Stuttgart, Zürich: Arnoldsche Verlagsanstalt / Völkerkundemuseum der Universität Zürich, 8-11.

Kramer, Fritz 2019: Koloniales Erbe. Afrikanische Künste, Transkultureller Tausch, Ethnologische Sammlungen. In: *Lettre International* 124, Frühjahr 2019, 12-17.

Kraus, Michael 2001: ‚…ohne Museum geht es nicht' - Zur Geschichte der Völkerkunde in Marburg. In: Voell (Hrsg.) 2001: 31-65.

Kraus, Michael 2014: Quo vadis, Völkerkundemuseum? - Eine Einführung. In: Kraus, Michael und Noack, Karoline (Hrsg.): *Quo vadis, Völkerkundemuseum? Aktuelle Debatten zu ethnologischen Sammlungen in Museen und Universitäten.* Bielefeld: transcript, 17-37.

Scholz, Nathalie 2009: *Völkerkundliche Sammlungen an deutschen Universitäten und ihr Einsatz in der Lehre.* Magisterarbeit. Marburg: Philipps-Universität. [Unveröffentlicht].

Schweitzer de Palacios, Dagmar 2013: Die Macht liegt in den Werkzeugen – Andine Heiler und ihre Heilaltäre. In: Sahmland, Irmtraut; Grundmann, Kornelia (Hrsg.): *Tote Objekte - lebendige Geschichte: Exponate aus den Sammlungen der Philipps-Universität Marburg.* Petersberg: Imhof, 221-238.

Schweitzer de Palacios, Dagmar 2019: Die Ethnographische Sammlung der Marburger Philipps-Universität. In: Barlou, Vasiliki, Schweitzer de Palacios, Dagmar; Rakelmann, Georgia: *Schätze für Oberhessen. Der Traum vom Weltbürger sein.* Mitteilungen des Oberhessischen Geschichtsvereins Giessen. Bd. 103, 260-268.

Voell, Stéphane 2001: Am Museum kommt niemand vorbei. In: Voell (Hrsg.) 2001: 7-17.

Voell, Stéphane (Hrsg.) 2001: *‚ohne Museum geht es nicht': die Völkerkundliche Sammlung der Philipps-Universität Marburg.* Reihe: Curupira-Workshop 7. Marburg: Curupira.

Teil I

Am Anfang war das Objekt. Die Ethnographische Sammlung und die Annäherung an ihre Gegenstände

DAGMAR SCHWEITZER DE PALACIOS

Im Rahmen meiner Tätigkeit in der Marburger Ethnographischen Sammlung werde ich immer wieder gefragt, wie ich die Sammlung mit ihren ethnographischen Objekten in die heutige Lehre der Kultur- und Sozialanthropologie einbringe. Die Studierenden möchten wissen, ob in den Lehrveranstaltungen auch direkt mit Objekten oder auf theoretischer Ebene gearbeitet wird. Offensichtlich hält man dies für zwei unterschiedliche (oder gar sich ausschließende?) Angelegenheiten.

Als Antwort soll dieser Artikel dienen, den ich als Einstieg und Annäherung an Objekte verstehe. Er führt drei Dinge zusammen: Theorien zu materieller Kultur, die Ethnographische Sammlung und die Lehre am Objekt. Letztere findet sich nicht nur in meinem Beitrag wieder, sondern auch in den anschließenden drei Aufsätzen, die aus Lehrveranstaltungen und Prüfungsleistungen hervorgegangen sind. In allen sind ein oder mehrere Objekte, die musealiert worden sind, Dreh- und Angelpunkt. Im Museum, als Institution und Methode verstanden, (Thomas 2010), bilden die Objekte Ausgangspunkt der Betrachtung, sollen aber keinesfalls Endpunkte darstellen. Vielmehr sollen sie anregen, weitere Perspektiven zu öffnen.

Die wissenschaftliche Literatur über materielle Kultur ist angesichts des gegenwärtigen Forschungsinteresses in der Kultur- und Sozialanthropologie und benachbarter Disziplinen an der Thematik in den letzten Jahren sehr umfangreich geworden. Längst wurde die einstige „klassische" Unterscheidung der Ethnologie zwischen materieller und immaterieller Kultur, die eine Trennung des Stofflichen und Gegenständlichen vom Ideellen und Geistigen unternahm, aufgebrochen.[1] Das Modul des aktuellen MA-Studiengangs der Kultur- und Sozialanthropologie an der Marburger Philipps-Universität „Materielle (und visuelle) Repräsentationen von Kultur" impliziert mit seinem Namen die Überwindung dieser Trennung.

---

1 Von der Vielzahl an neueren Werken über materielle Kultur seien hier stellvertretend genannt Hahn 2014; Hicks et al. 2010; Samida et al. 2014; Tilley 2008. Siehe auch die Zeitschriftenreihe Journal of Material Culture. Über Kritik an den Stereotypen siehe Hahn 2014: 11; über „material culture"/materielle Kultur Samida et al. 2014: 3.

Der Name macht deutlich, dass das Materielle, ebenso wie das Visuelle, eine Ausdrucksform von Kultur darstellt, ihre Vorstellungen und Konzepte und damit auch ihre immateriellen Wertigkeiten gegenständlich macht, diese in sich birgt.

Materielle Erscheinungen sind äußerst vielfältig. In Anlehnung an eine vielzitierte Einführung werden sie hier als „Summe aller materieller Errungenschaften einer Gemeinschaft, das heißt der Dinge, die innerhalb der Gemeinschaft Verwendung finden und Bedeutung besitzen (Architektur, Bekleidung, Nahrung, Hausrat…),“ betrachtet.[2] In Museen und Sammlungen haben wir es im Allgemeinen mit Sammlungen von Gegenständen bzw. Objekten zu tun, das heißt mit einem Ausschnitt der materiellen Kultur dieser Gemeinschaften.[3] Neben schriftlichen Aufzeichnungen von Sammler*innen und mündlichen Informationen indigener Interviewpartner*innen stellen sie eine bedeutende Quelle (nicht nur) für die anthropologische Forschung dar, denn sie komplementieren das Bild untersuchter Ethnien oder bilden teilweise einzige und einzigartige Hinterlassenschaften (vgl. Feest 2003: 245-246). Etwa 6000 Objekte und 12000 Fotografien aus verschiedenen ethnischen, kulturellen und historischen Kontexten sind in der Marburger Ethnographischen Sammlung untergebracht. Sie bieten als materielle und visuelle Erscheinungen Einblick in das Fach und seine Geschichte, denn gerade in Marburg zeigt sich die Verbundenheit einer ethnographischen Sammlung und der Entwicklung der Disziplin besonders deutlich.[4]

„Museumsdinge" (frei nach Korff 2002) – in unserem Fall die ethnographischen Objekte – sind aus ihrem einstigen kulturellen Kontext gelöst, sie stehen für sich alleine. Andere werden sogar extra für das Museum angefertigt und bestimmen auf diese Weise ihren Kontext. Durch die museale Inventarisierung verwandeln sie sich von anonymen Gegenständen zu Museumsobjekten (vgl. Korff 2002: 146 ff.). Doch damit fangen die Probleme an, denn in der Ethnographischen Samm-

---

2   Hahn 2014: 18. „Materielle Kultur wird […] als Summe aller Gegenstände verstanden, die in einer Gesellschaft genutzt werden oder bedeutungsvoll sind“.

3   Zu den Begriffen Gegenstand und Objekt vgl. Kohl 2003: 118-121. In unserem Rahmen werden Objekte in ihren gegenständlichen Eigenschaften betrachtet, das heißt beide Begriffe werden synonym verwendet.

4   Die Einrichtung der Völkerkundlichen Sammlung in den 1920er Jahren erfolgte zunächst innerhalb des Lehrstuhls der Geografie, der damals den Unterricht völkerkundlicher Themen bediente. Ende der 1950er/Anfang der 1960er Jahre koppelten sich Sammlung und völkerkundliche Lehre von der Geografie ab. Es folgten mehrere inneruniversitärer Umstrukturierungen bis sich die Völkerkunde als Fachgebiet mit einem eigenen dauerhaften Lehrstuhl etablierte und 1971 einschließlich der Sammlung dem Fachbereich Gesellschaftswissenschaften und Philosophie zugeordnet wurde. 2009 wurde das Fachgebiet in Kultur- und Sozialanthropologie umbenannt. Zur Geschichte der Sammlung siehe Kraus 2001 und Vorwort des vorliegenden Bandes.

lung – wie in vielen anderen ethnologischen Museen auch – liegt zu der Provenienz der einzelnen Objekte eine unterschiedliche Quellenlage vor.5 Wie kann man aber ein Objekt in Anbetracht teils fehlender oder unzureichender Dokumentation als Quelle nutzbar machen? Wie lassen sich Gegenstände nachträglich kontextualisieren? Wie bindet man sie in aktuelle Debatten ein?

Im Folgenden nehmen wir eine schrittweise Annäherung an Objekte vor, die sich als eine Art Leitfaden im Umgang mit Sammlungsobjekten versteht. Es werden Mittel und Methoden erläutert, Objekte zu ordnen und zu identifizieren, um gegebenenfalls Rückschlüsse auf ihre kulturelle(n) und zeitliche(n) Bedeutung(en) zu gewinnen; dabei werden auch Probleme und Grenzen benannt. Dies geschieht in dem Bewusstsein, dass Einteilungskriterien und kategorische Zuordnungen unseren Denkmustern und Maßstäben entsprechen, im Unterschied zu einer Innenperspektive der Objekte. Sie sind für eine weitere Theoriebildung aber unerlässlich, wie durch Einbindung praktischer Beispiele aufgezeigt wird. Die Betrachtungen enden mit einer Einführung zu „Perspektiven auf Objekte als Ausdrucksform von Kultur" und leiten in die anschließenden Aufsätze ein, die konkrete Objekte aus der Ethnographischen Sammlung in den Blick nehmen.

1. Schritt – Annäherungen

Verschiedentlich wurde auf die unterschiedlichen Sinneswahrnehmungen hingewiesen, die ein Objekt im Allgemeinen, ein ethnographisches Objekt im Besonderen, aufgrund seiner materiellen Eigenschaften anspricht. Man kann es sehen, berühren, vielleicht auch hören, das heißt seine Wahrnehmung erfolgt visuell, haptisch, evt. auch akustisch und olfaktorisch.[6] Man kann es technisch untersuchen, das heißt Maße und evt. Gewicht bestimmen, man kann äußere Merkmale feststellen und eine erste Materialbestimmung durchführen und ggf. Rückschlüsse auf technologische Herstellungspraktiken und Benutzung ziehen. Bei diesem Vorgehen erfolgt bereits eine kognitive Verarbeitung der Wahrnehmungen, die alle Sinne mit einschließt und die der Erfahrung sowie dem Gedächtnis zugeschrieben wird.

---

5   Die Sammlung besteht aus verschiedenen Teilsammlungen, die durch Institutsleiter, Mitarbeiter*innen oder Ethnolog*innen zusammengetragen und daher gut dokumentiert worden sind. Daneben erwarb die Universität in den 1960er Jahren aus der Wiesbadener Sammlung Nassauischer Altertümer etwa 1000 Objekte, deren Herkunft sich nicht immer zurückverfolgen lässt (s. u.). Außerdem gibt es ein Reihe von Einzelobjekten aus Privatbesitz oder aus dem Kunsthandel ohne konkretes ethnographisches Datenmaterial. Ebenfalls zur Sammlung gehört der wissenschaftliche Nachlass des frühen Südamerikaforschers Theodor Koch-Grünberg (s. u.).

6   Siehe ausführliche Darstellung Hahn 2014: 27-36; Samida et al. 2014: 70 ff.

Denn jeder Mensch hat einen eigenen Fundus an Kenntnissen, der für die Einordnung oder Interpretation aller neuen und unbekannten Erscheinungen materieller
und immaterieller Art eine Leitlinie bildet.

Dieser Fundus ist Ergebnis der so genannten Sozialisation, das heißt dem im frü-
hesten Kindesalter einsetzenden Prozess, bei dem der Mensch erlernt, seine spezifische materielle und soziale Umwelt wahrzunehmen und mit ihr zu interagieren
(wobei neben den bereits genannten Sinnen auch Geschmack eine Rolle spielt).
Der praktische Umgang mit den einzelnen Komponenten der Umwelt impliziert
gleichsam die Übernahme gesellschaftlicher Werte und Normen und deren Identifizierung. Auf individueller Ebene fließen verschiedene Erfahrungswerte mit ein,
wie zum Beispiel die Geschlechterrolle, Erziehung und Bildung, eventuell auch die
berufliche Spezialisierung. Sozialisation bedeutet letztendlich den Aufbau von Beziehungen, die den einzelnen Beteiligten – hier Mensch und Objekt – Funktionen
und Bedeutungen zuordnen (vgl. Hahn 2014: 27 ff.; Suhrbier 1998: 65 ff.).

2. Schritt – Beziehungen

Auch Beziehungen orientieren sich am Bekannten. Dies wird bei der ersten Begegnung mit einem uns unbekannten Objekts deutlich, bei der wir versuchen, es
anhand uns geläufiger Gegenstände zu erschließen und ihm einen Namen zu geben. Durch den konkreten Ausdruck in der Sprache ordnen wir das Objekt unseren Konzepten und Vorstellungen zu, die wir als Referenzrahmen benutzen. Wir
„übersetzen" für uns das Objekt und stellen damit eine Beziehung her, ohne die
es bedeutungslos bliebe. Wir ordnen es ein. Dabei stehen wir vor einem Dilemma,
denn „Übersetzung ist eine Form. Sie als solche zu erfassen, gilt es zurückzugehen
auf das Original. Denn in ihm liegt deren Gesetz als in dessen Übersetzbarkeit
beschlossen" (Benjamin 1921). Nicht immer findet sich eine Übersetzung, die seinen Bedeutungsinhalten gerecht werden kann, denn mit der Bezeichnug wird das
Objekt mit anderen Bereichen von Kultur und einer Ebene der Abstraktion verknüpft, die weder allgemeingültig noch eindeutig übertragbar ist. Bereits die kategorische Einteilung von Objekt und Subjekt als unterschiedliche Wesenseinheiten
ist nicht universal (s. u.), sondern kulturgeschichtlichen Entwicklungen geschuldet,
die zu unserem „aufgeklärten" Weltbild führten.[7]

Wertigkeiten und Bedeutungen von Objekten unterliegen zudem einer zeitlichen
Dynamik, die mit der Objektbiografie[8] zusammenhängt. Was vor zehn Jahren „ge-

---

7   Vgl. Hahn 205: 9 ff.; Petermann 2004: 119 ff.; Samida et al. 2014: 13.

8   Damit meine ich die Phasen des Objekts vor, während und nach dem Sammeln. Vgl.
Kopytoff 2006 [1986]: 66 ff.; Münzel 2011: 12-16.

sammelt" wurde, muss schon längst nicht mehr Teil der materiellen Kultur einer Gesellschaft sein, außerdem kann es durch anderes ersetzt worden sein. Die Sammeltätigkeit von Missionaren, Kolonialbeamten und Wissenschaftler*innen regte und regt ebenfalls Austauschvorgänge an, die Veränderungsprozesse von materieller Kultur indigener Gesellschaften in Gang setzten.[9] Das Wissen von und über Objekte wird dabei im Verlauf ihrer Existenz nicht unbedingt mehr, sondern verliert sich zum Teil. Zeitliche und räumliche Distanz erschweren den Zugang zu Objekten, die nicht mehr in Gebrauch sind oder aus gänzlich anderen kulturellen Kontexten stammen.

(Nicht nur) im musealen Umgang beziehen wir ein Objekt immer auf uns selbst, weil es in der Praxis gar nicht anders geht. Wir versuchen Daten zu bündeln und vergleichbar zu machen, sie in einem Inventarisierungsformular oder in einer Datenbank unterzubringen. Denn „jede Art der Klassifizierung ist dem Chaos überlegen" (Lévi-Strauss 1973 [1962]: 27). Für eine wissenschaftliche Erschließung ist dieses Vorgehen grundlegend, ebenso wie eine Einteilung der Objekte in bestimmte Gruppen oder Kategorien, die nach Herkunft (wenn bekannt: Region und Ethnie), Verwendungszweck (z. B. Ritualobjekt), oder Herstellungsmaterial (z. B. Keramik) geordnet sind.[10]

3. Schritt – Ordnung der Dinge

Wie daraus hervorgeht, unterliegen die Einteilungskriterien von Objekten also unserer Logik. Inwieweit sie sich von anderen Denkmustern unterscheiden, sei hier an einigen Punkten erläutert. Dies soll nicht die im Museumsalltag erforderlichen Kategorien dekonstruieren, sondern unseren Blick um emische Perspektiven erweitern. An dieser Stelle sei nochmals darauf hingewiesen, dass jedes Objekt, auch im Verbund mit gleichartigen Objekten, immer nur einen Ausschnitt aus der materiellen Kultur einer Kultur oder Ethnie darstellt, ebenso wie es aus einer bestimmten Zeit stammt. Jede Sammlungsordnung bedeutet zunächst eine willkürliche Einteilung oder Trennung von Bereichen einer Kultur. Der Ansatz, Kulturen zu „verkapiteln" ist eng verwoben mit der Fachgeschichte. Denn in den klassischen ethnographischen Monografien mit dem Anspruch einer vollständigen Darstellung einer Kultur fand meist eine Aufteilung der untersuchten Ethnie in Bereiche

---

9   Vgl. Bräunlein 2004: 29. Siehe auch Thomas 1991: 125-184; Clifford 1988: 187-251.

10   Heutige Sammler*innen legen natürlich auch Wert auf den Namen des/r Herstellers*in eines Objekts – längst sind fremde Menschen keine „Forschungssubjekte" mehr, sondern Gesprächspartner*innen mit individuellen und persönlichen Zugängen zu den betreffenden Objekten.

statt, aus denen sich bestimmte Fachrichtungen entwickelten.[11] Materielle Kultur wurde wenn überhaupt in einem Kapitel abgehandelt oder im Rahmen von Technologien, oder innerhalb von Wirtschaftsweise und Kunst.[12]

Als unvereinbar mit unseren Konzepten stellen sich insbesondere Kategorisierungen heraus, die religiöse Zusammenhänge betreffen. Eine Aufteilung in „profan" und „heilig" entspricht einer wertenden Zuschreibung, die von einem Entweder Oder ausgeht. Gerade Objekte können vielfältige Beziehungen zu kosmischen und kosmologischen Konzepten und Vorstellungen, zu Gottheiten und übernatürlichen Wesenheiten besitzen und lassen daher keine klare Unterscheidung zwischen Ritual- und Alltagsgegenstand zu.[13]

In den meisten indigenen Kulturen werden die „Dinge" konkret nach Verwendung benannt. Im Museum teilen wir dann die Dinge ein in Hausrat, Kleidung, Kunst/Kunsthandwerk, Musikinstrumente, Ritualobjekt, Schmuck, Spiel/Sport, Tauschmittel/Zahlungsmittel, Transport/Verkehr, Waffe, Werkzeug, Wirtschaftsgerät, Wohnen etc.[14] Doch vielfach ergeben sich keine eindeutigen Zuordnungen, wenn die Gegenstände verschiedene Funktionen besitzen. Enthalten (behalten) sie nach Auffassung ihrer indigenen Besitzer*innen weiterhin spirituelle Kräfte und Mächte, sind diese für uns nicht ersichtlich. Wenn wir Objekte regional und nach konservatorischen Gesichtspunkten in ein Magazin einräumen, greifen wir auch räumlich in andere Ordnungsschemata ein. Jedes Objekt entspringt einem spezifischen Weltbild und existiert nicht unbedingt nur in seiner materiellen Seinsform mit den Menschen.

Deutlich werden diese komplexen Sachverhalte durch aktuelle Projekte, in denen Museen mit ethnographischen Sammlungen den Kontakt und die Zusammenarbeit konkreter Herkunftsgesellschaften[15] bzw. ihrer Nachfahren – so genannten Source Communities – suchen, sollten diese noch zu identifizieren sein. Ziel dieser Projekte ist ein gegenseitiger Wissensaustausch über die Gegenstände, ihre

---

11 Z. B. Wirtschaft, Religion, Verwandtschaft, Sozialsystem, Politische Organisation etc. Siehe Kohl 1993: 119-121.

12 Vgl. Kohl 1993: 77-84; Suhrbier 1998: 43-54; 58-64.

13 Vgl. Kohl 2003. Insbesondere 118-154; 155-223. Samida et al. 2014: 241-243; 245-248.

14 Aus dem Inventarisierungsbogen der Ethnographischen Sammlung.

15 Nach dem Leitfaden des Deutschen Museumsbunds zum Umgang mit Sammlungsgut aus kolonialen Kontexten (2019: 19) wird „unter dem Begriff Herkunftsgesellschaft [...] diejenige Gesellschaft verstanden, in der ein Objekt hergestellt oder ursprünglich benutzt wurde (d.h. der sich Erschaffer und Nutzer des Objekts zugehörig fühlten) und/oder die das Objekt als Teil ihres kulturellen Erbes betrachtet. Der Begriff ist damit auch rechtlich relevant" (vgl. Peers and Brown 2003: 1-2).

Bedeutung und den Umgang mit ihnen. Im Jahr 2014 führte beispielsweise das Ethnologische Museum in Berlin im Verbund mit deutschen und internationalen Wissenschaftler*innen ein Projekt mit indigenen Repräsentant*innen von Tukano-Gruppen, wohnhaft am Oberen Rio Negro in Südostkolumbien, durch.[16]

Eine große Anzahl von Objekten der Tukano befindet sich im Museum in Berlin, umfangreiches ethnographisches Schriftmaterial in der Ethnographischen Sammlung in Marburg. Beides geht auf den frühen Südamerikaforscher Theodor-Koch Grünberg[17] zurück, der in den Jahren 1903-1905 das Gebiet der Tukano bereiste. Zu den Objekten zählt eine Reihe von Gegenständen, die eine wichtige Rolle in der Schöpfungsmythe der Tukano spielen.

Dieser Mythe zufolge baut am Anfang der Schöpfung die „Großmutter des Universums" sich selbst aus Gegenständen auf und setzt damit den langen Schaffensprozess der Welt in Gang. Diese Gegenstände sind ein Holzschemel, eine Zigarre, ein Zigarrenhalter, eine Kalebasse auf einem Ständer und ein Zeremonialstab. Im weiteren Verlauf des Geschehens werden auch die Menschen aus Objekten geschaffen, aus Paaren von Schmuckstücken – Stirnbändern aus Papageienfedern, Federkronen, Halsketten und Brustschmuck aus Quarziten und Jaguarzähnen.

Die Objekte der Tukano, die dieser Mythe zugeordnet werden können, werden aus konservatorischen Gründen im Museum getrennt aufbewahrt. Bei ihrem Besuch im Berliner Museum erkannten die indigenen Besucher*innen die Dinge und ordneten sie in der Reihenfolge ihres mythischen Erscheinens; sie legten sich jeden Morgen schützende Gesichtsbemalungen auf und verlangten dies manchmal auch von den nicht-indigenen Anwesenden. Ihrer Annahme zufolge verkörpern die Objekte die Weltordnung und nehmen einen festen Platz in ihrer Maloca ein, ihrem traditionellen Langhaus, das während bestimmter Rituale dem Kosmos gleichgestellt ist. Da die Menschen mythisch aus Objekten hervorgehen, sind die entsprechenden Objekte ihrem ontologischen Verständis gemäß weiterhin Menschen und bleiben auch fern ihres Herkunftsortes mächtig; demnach war es für die Tukano ein Schock, sie in getrennten Depots gelagert vorzufinden oder zu erfahren, dass einzelne Objekte gar zwischen verschiedenen Museen ausgetauscht wurden. Die Tukano verglichen dieses Verhalten mit dem Zerstückeln eines menschlichen Wesens (Kraus 2016: 72). Nach emischen Kategorien besitzen die Gegenstände also eine umfassende kosmologische Bedeutung, denn sie konstituieren den Anfang

---

16   Über das Projekt siehe Kraus 2016.

17   Details über den Nachlass und daraus resultierende Publikationen siehe www.uni-marburg.de/de/fb03/ivk/fachgebiete/kultur-und-sozialanthropologie/ethnographische-sammlung/nachlass-koch-gruenberg (letzter Zugriff 15.08.2019).

der Welt und der Menschheit. Dementsprechend verlangt der Umgang mit ihnen Respekt in Form der gemeinsamen Aufbewahrung und bestimmter Vorkehrungen bei der Begegnung mit ihnen.

Wie der Ethnologe Michael Kraus resümiert, ist es im Museum natürlich nicht möglich, eine Lösung für alle existierende Gegensätze zu bieten, doch setzen Projekte wie das genannte gegenseitige Lernprozesse in Gang, denn die Tukano erfuhren ihrerseits von der Fülle an Objekten ihrer Vorfahren, die in Berlin und auch in anderen Museen lagern und von der Art und Weise, wie dort mit ihnen umgegangen wird. Das positive Ergebnis auf beiden Seiten spricht für solche Kooperationen in der zukünftige Museumsarbeit (ebd.: 72-73), die uns helfen, die museale Ordnung der Dinge zu überdenken.

4. Schritt – ein Blick auf Material und Technik

Durch Materialbestimmung von Objekten erhoffen wir uns Aufschlüsse über den Lebensraum der Herkunftskultur und die Produktion und Anwendung von Techniken zu gewinnen, die den Umgang mit der materiellen Welt regeln. Dazu gehören eine ganze Reihe von Faktoren sozioökonomischen Charakters, wie etwa die Gewinnung von Rohstoffen, Austauschbeziehungen und Handel und die Wiederverwendung von Werkstoffen (vgl. Lemmonier 1992: 2). Von der Beschaffenheit des Materials hängen die Möglichkeiten zu seiner Verarbeitung ab; Material und Formgebung lassen auf den praktischen Gebrauch eines Objekts schließen. In der Praxis nimmt man zunächst eine grobe Einordnung des Objekts in die Materialien Holz, Stein, Keramik, etc. vor. Andere Werkstoffe wie Metalle, Glasperlen, später Plastik fanden durch Kulturkontakt jeweils schnell Verbreitung, ergänzten und ersetzten herkömmliche Objekte oder seine Komponenten und gehören mithin auch zum Repertoire (Abb. 1 und 2). Ohne weitere Informationen erweist sich eine genauere Bestimmung des Materials oft als sehr schwierig oder gar unmöglich. Dazu bräuchte es Restaurator*innen mit Spezialkenntnissen in Fragen von Material, Konservierung und Restaurierung, idealerweise die Hilfe indigener Spezialist*innen.

Gegenüber den vorangegangenen Kategorien scheinen Fragen nach Material „objektiv" und allgemeingültig beantwortet werden zu können. So erlauben naturwissenschaftliche Methoden präzise Materialanalysen sowie relativ genaue Altersbestimmungen und werden insbesondere in der Archäologie angewandt, um Kulturen zeitlich und örtlich zu datieren oder die Echtheit eines Objekts zu überprüfen. Derartige Untersuchungen bedeuten aber immer einen Eingriff in das Objekt, denn es müssen Proben ge- oder entnommen werden. Sie sind außerdem für ein Museum zeitintensiv und kostenmäßig sehr aufwendig, werden daher nur gelegentlich eingesetzt. Einen Sonderfall stellen Objekte aus mutmaßlich menschlichen Überresten (human remains) dar, da sich bei ihnen Fragen nicht nur auf materielle Belange beschränken.[18]

Mit welch unterschiedlichen Materialien wir zu tun haben, hängt letztendlich von den Beständen einer Sammlung ab. Anzumerken ist, dass ein stetiger Entfremdungsprozess (nicht nur) in unserer Gesellschaft zwischen Mensch und Material stattfindet, da Materialgewinnung und Herstellung der verwendeten Gegenstände immer weniger in Eigenleistung geschehen.[19]

Das Feststellen von Herstellungspraktiken und Technologien stellt den Betrachter, bzw. die Betrachterin vor ganz besondere Herausforderungen. Alle Artefakte, das heißt von Menschen hergestellte Gegenstände, basieren auf technologischen Kenntnissen und Fähigkeiten, die frühen völkerkundlichen Theorien als Grundlage zur Erstellung von Typologien dienten.[20] Bei einigen Werkstoff- und Objektgruppen, wie z. B. Metalle und Textilien, sind Herstellungstechniken und Rohstoffgewinnung besonders anspruchsvoll und erfordern für eine genaue Analyse eine intensive Auseinandersetzung mit dem Objekt. Nicht umsonst hat sich dabei ein museales Spezialistentum herausgebildet, das auch handwerkliche Expertise mit einbezieht. Die Beherrschung von Techniken erfordert auch in den Herkunftsgesellschaften ein Spezialistentum. Dies weist nicht zuletzt auch auf differenzierte gesellschaftliche Strukturen hin.

Zudem ist auch die Herstellung von Objekten mitunter eng mit kosmologisch/religiösen Vorstellungen verwoben. Schließlich stehen technische Details in Zusammenhang mit Stilfragen und können auf ganz konkrete räumliche und zeitliche Bezüge oder sogar familiäre Traditionen verweisen. Stilelemente sind meist nicht für den Gebrauch eines Objekts essentiell, sondern deuten eher auf spezifische Bedeutungszusammenhänge (s. u.) hin. Ein eingehender Blick ist also in jedem Fall

---

18 Hier helfen oft medizinische Universitätseinrichtungen weiter, die ein hohes Maß an Interesse zeigen, Knochen u. Ä. zu analysieren. So wurde z. B. die in der Ethnographischen Sammlung aufbewahrte altägyptische Mumie geröngt; die Tiermumien konnten sogar computertomografisch im Universitätsklinikum Gießen und Marburg untersucht und durch einen Tierarzt bestimmt werden.

19 Siehe hierzu z. B. Ingold 2000: 294 ff. sowie Hallam; Ingold 2014. In ihrer Einführung (Ingold; Hallam 2014: 1-24) weisen die Autoren daraufhin, dass die Herstellung bereits mit der Materialgewinnung einsetzt. Daraus ergeben sich wichtige Aufschlüsse über Sozialstruktur, Arbeitsteilung und -organisation, Reproduktion etc.

20 Über die frühe Theoriegeschichte siehe z. B. Suhrbier 1998: 30-42. Petermann (2004: 412 ff.) setzt die Theoriengeschichte in Bezug zur Entstehung der ethnologischen Museen.

von Interesse für die Kontextualisierung eines Objekts.[21]

Konventionell steht bei der Analyse von Techniken das Endprodukt im Vordergrund, wie zum Beispiel in dem Standardwerk „Technologie und Ergologie in der Völkerkunde"[22] oder in Systematiken zu Techniken bestimmter Werkstoffgruppen.[23] Ähnliche Annäherungen finden sich auch in frühen ethnologischen Monografien, in denen Teile aus der materiellen Kultur der untersuchten Ethnien durch Zeichnungen illustriert werden.

Umfassendere Ansätze betrachten die technischen Fakten als soziale Fakten und weisen ihnen einen eigenen Bereich innerhalb der Anthropologie zu. Sie machen damit über das Objekt die Technologie zum eigentlichen Untersuchungsgegenstand (‚anthropology of technics'), der sich methodisch durch Beobachtung und Beschreibung (‚technography') erschließt (vgl. Sigaut 2002). Dabei wird insbesondere ein Blick auf technische Zusammenhänge geworfen. Materielle Herstellungsprozesse werden in Einzelaktionen zerlegt, die erst durch ihr Zusammenwirken und ihre Vernetzung den intendierten materiellen Wechsel – vom(n) Rohstoff(en) zu(m) (Konsum-)produkt(en) – herbeiführen. Die Einordnung jedes einzelnen Handlungsschrittes in den gesamten Herstellungsprozess ermöglicht die Identifizierung dieses Wechsels, wodurch die zweckdienliche Bedeutung der jeweiligen technischen Handlung ermittelt werden kann. Neben diesem Blick aus der Außenperspektive schließen diese Forschungsansätze zu Objekten und ihrer Herstellung auch emische Sichtweisen auf technisches Wissen und seine Anwendung mit ein und legen damit den Fokus auf (kunst-)handwerkliche Kompetenzen und komplexe soziale Bedeutungszusammenhänge. Diese Aspekte werden wir in den folgenden Schritten unserer Annäherung an Objekte weiter ausführen.

5. Schritt – Lesarten

Objekte sind in ihrer Rolle als Bedeutungs- und Informationsträger vielfach im Hinblick auf ihre kommunikativen Eigenschaften untersucht worden. Ebenso ist darauf hingewiesen worden, dass ihre Botschaft nicht eindeutig lesbar sei, denn im Gegensatz zu einer Schrift seien sie mehrdeutig, und ihre Lesart hinge von ihren

---

21 Als Beispiel seien hier Textilien aufgeführt. Aus der Fülle an Literatur sei auf den Ausstellungskatalog „Der Rote Faden. Gedanken Spinnen Muster Weben" (2016) der gleichnamigen Ausstellung im Weltkulturen Museum Frankfurt am Main (17.11.2016-27.08.2017) mit einer Reihe von eingehenden Beiträgen verwiesen.

22 Siehe Feest; Janata 1999, in vierter Auflage. Der erste Teil des Buches erschien 1966 das erste Mal, von Hirschberg und Janata herausgegeben, der zweite Teil 1980.

23 Für Textilien siehe z. B. Seiler-Baldinger 1991.

jeweiligen Betrachter*innen und den jeweiligen situativen Gegebenheiten und Umständen ab.[24]

Die Bedeutung von Objekten als Medien wird insbesondere bei konkreten bildlichen Darstellungen deutlich, die sich als Objekt selbst oder auf diesem manifestieren, und die durch eine ikonografische Analyse einen spezifischen methodischen Zugang erlauben. Die aus der Kunstgeschichte kommende Herangehensweise beschreibt, bestimmt und deutet Motive, die figürlich oder abstrakt erscheinen und ordnet sie einem Repertorium zu, das sich aus vergleichbaren Darstellungen und weiteren Quellen (siehe Punkt 6) speist. Auch wenn das Design ein gewisses Maß an individueller Gestaltung in sich trägt und zeitlichen Stilen unterworfen ist, folgt es bestimmten kulturellen Konventionen und Ästhetiken, so dass idealerweise seine Elemente identifizierbar und – in Einheit mit weiteren Merkmalen wie Form, Farbe und Anordnung einzelner Attribute – interpretierbar wird.

Neben einer musealen Einordnung können sich auf diese Weise vielfältige Bedeutungskontexte erschließen. Die Darstellungen mögen auf Gottheiten oder spirituelle Wesenheiten verweisen, auf unmittelbare räumliche Gegebenheiten, auf kulturelle und individuelle Lebenssituationen, auf historische Ereignisse und Veränderungen oder auch auf sozio-politische Hierarchien etc.[25]. Eingehende Analysen sind Grundlage für die Annäherung an das motivtragende Objekt, bieten aber auch Aufschlüsse über seine Rolle und Verwendung innerhalb und außerhalb seiner Herkunftskultur. Die Bildelemente, die mitunter Schriftcharakter besitzen, vermitteln Botschaften, tradieren Konzepte und Werte an nachfolgende Generationen und sind identitätsstiftend. Sie verankern den Menschen in Raum und Zeit. Bisweilen entwickelt sich ein eigenes Narrativ um entsprechende Darstellungen, die sich mit Hilfe von Reproduktionen weiträumig verbreiten und sogar zu sozialen Dynamiken beitragen können.[26]

6. Schritt – Spurensuche

Wie aus oben Gesagtem hervorgeht, sind wir für eine detaillierte Objektanalyse auf weitere Quellen angewiesen, denn darin besteht die Tücke des Objekts: es ist stumm (vgl. Suhrbier 2000: 53). Nur im Idealfall wurde ein Objekt während einer Feldforschung erworben und ist gut dokumentiert (siehe Beitrag Ludwig). Gerade

---

24   Siehe Korff 2002: 146-154; Hahn 2014: 113-129; Samida et al. 2014: 31-38.

25   Als „klassische" Beiträge werden in diesem Zusammenhang die Untersuchungen von Nancy Munn (1966; 1973) genannt, vgl. Suhrbier 1998: 63-64. Siehe auch Münzel 1988.

26   Hier treffen sich Ikonografie und *agency*. Siehe dazu „Perspektiven" und Beitrag Ludwig im vorliegenden Band.

im Museumskontext sind aber, im Zuge von Debatten um rechtmäßige Aneignung und ethische Fragestellungen um Präsentation von Objekten, die im Glauben ihrer Herkunftsgesellschaften nicht für jeden zugänglich sein dürfen, Informationen zur Herkunft von Wichtigkeit.[27]

Wir müssen uns daher auf eine Spurensuche begeben und uns verschiedenen Quellengattungen zuwenden, die verschiedentlich schon zur Sprache gekommen sind. Hier seien sie noch einmal aufgezählt: Dokumente aus dem Archiv der Sammlung, um Daten zur Objektbiografie und der Provenienz zu ermitteln; vergleichbare Objekte aus der Sammlung oder anderen Sammlungen, die eventuell schon wissenschaftlich untersucht worden sind; Literaturrecherche, z. B. in Monografien und Handbüchern, die Daten zur Herstellung und Verwendung des Objekts enthalten; Fotografien evt. Filmaufnahmen; eigene Feldforschung oder Sichtung eingehender Feldforschungsberichte, einschließlich der Informationen indigener Interviewpartner*innen und Aufzeichnungen von Mythen, in denen Objekte eine Rolle spielen; eventuell Kontaktaufnahme und Interview mit dem Sammler oder der Sammlerin; wünschenswerterweise Kontaktaufnahme und Forschungen mit Source Communities, sollten diese sich ermitteln lassen; eigene empirische Untersuchungen (s. u.).

Datenlage und Forschungsinteresse führen zu unterschiedlichen Ansätzen und Gewichtungen bei dem Versuch, ein Objekt weiterführend zu kontextualisieren. Als Beispiel sei hier die Untersuchung einer Metallspirale (Abb. 3) aufgeführt, die im Rahmen einer Lehrveranstaltung die Aufmerksamkeit einer Studierenden auf sich zog.[28] Die zugehörigen Daten aus dem Inventarbuch und der Datenbank der Ethnographischen Sammlung sind sehr spärlich und verraten nur wenig über ihre Herkunft. Dokumentiert sind Eingangsdatum sowie Vor- bzw. Zwischenbesitzer: die Spirale stammte aus der Wiesbadener Sammlung Nassauischer Altertümer.

Die Sammlung Nassauischer Altertümer gehörte neben einer Kunst- und einer naturwissenschaftlichen Sammlung zum Landesmuseum Wiesbaden, das im 19. Jahrhundert als Landesmuseum für das Herzogtum Nassau gegründet wurde, in den Jahren 1900-73 der Trägerschaft der Stadt Wiesbaden unterstand und seit 1973 dem Land Hessen zugeordnet ist (Hoff 2006: V-VII). Kamen die Bestände der Sammlung vorwiegend aus dem Gebiet des Herzogtums, hatten verschiede-

---

27   Die aktuellen Debatten um *humain remains* und unrechtmäßige Aneignung von Objekten wurden 2014/15 im Rahmen eines Lehrforschungsprojekts untersucht und in einer institutsinternen Broschüre veröffentlicht: „Darf das in die Vitrine – Ethische Fragestellungen und ethnologische Ausstellungspraxis".

28   Es entstand eine umfassende Hausarbeit: Sichert 2016.

ne Schenkungen auch zur Aufnahme ethnographischer Objekte geführt, denen 1839 eine eigene Abteilung eingerichtet wurde. Die Objekte, die zum Teil aus den deutschen Kolonien in Ozeanien und Afrika stammten, zum Teil aus wenig dokumentierten privaten Nachlässen, wurden 1967 an die Marburger Ethnographische Sammlung verkauft. Zu diesen Beständen gehörte nun auch der Schmuck aus Metall.

Die Technik der Materialverarbeitung dieses Schmuckstücks rief bei der Studierenden Neugierde hervor, wusste sie doch aus eigener handwerklicher Erfahrung, dass das verwendete Metall – vermutlich eine Kupferlegierung – nur durch Schmieden oder Ziehen in die entsprechend vorhandene Form gekommen sein kann. Über diesen Ansatz setzte sie ihre Untersuchung bei archäologischen und ethnographischen Vergleichen mit Metallschmuck aus anderen Teilen der Welt an und nahm Kontakt nach Wiesbaden auf.[29] Das Objekt konnte in eine Reihe von Objekten aus der „Sammlung Ronsieck" gestellt werden. Es handelte sich dabei um 36 Einzelobjekte, die 1944 in die Wiesbadener Sammlung als Schenkung eingegangen waren. Über das Maß der Anforderungen des Seminars hinaus begann die Studierende den weiteren Objekten der Sammlung nachzugehen und diese zu katalogisieren. Ihre weitere Provenienzforschung führte über den Namen des Sammlers in den Osten des afrikanischen Kontinents. Nach archäologischen Methoden kartierte sie die Verbreitung von Metallspiralen, die nachweisbaren Aufenthaltsorte des Sammlers in Ostafrika sowie das Vorkommen der Materialien der anderen Objekte. Auf diese Weise konnte eine grobe Eingrenzung der vermutlichen Herkunftsregion und -ethnien (Land: Tansania, Ethnie: Makonde, Massai) erfolgen. Der Vergleich der Metallspirale mit Schmuckstücken aus der Region anhand von zugänglichen Datenbanken verschiedener Museen und Sammlungen sowie Fotografien und Literatur aus der Zeit der Kolonie Deutsch-Ostafrika brachte allerdings kein Ergebnis. Dies macht deutlich, dass letztendlich auch intensive Recherche nicht immer eine endgültige Klärung bringt – oder einfach noch weiter geforscht werden muss. Dafür ist es wichtig, dass die Sammlungen zugänglich sind.

7. Schritt – Alternativen

Die Untersuchung der Studierenden zeigt die Forschungsmöglichkeiten auf, die einzelne Teilsammlungen der Ethnographischen Sammlung hinsichtlich ihrer Provenienz bieten.[30] Die Studierende näherte sich über das Material und die Herstel-

---

29   An dieser Stelle sei Frau Antje Stöhr, Dokumentarin im Stadtmuseum Wiesbaden, für ihre Auskünfte ganz herzlich gedankt (mündliche Mitteilung 17.02.2016).
30   Zu Provenienzforschung siehe Förster; Edenheiser; Fründt; Hartmann (Hrsg.) 2018.

lungstechnik dem Objekt an, eine Methode, die innerhalb von Untersuchungen zu materieller Kultur seit einiger Zeit auch im deutschsprachigen Raum einen neuen Aufschwung erfährt (vgl. Hallam; Ingold 2014). Verwiesen werden soll in diesem Zusammenhang auf empirische Unterrichtsmethoden zum Umgang mit verschiedenen Basismaterialien (vgl. Ingold 2011) sowie auf praxisbezogene Feldforschungsaufenthalte[31] bei indigenen Handwerker*innen, um eine Art Ausbildung in bestimmten manuellen Techniken, z. B. dem Weben, zu absolvieren.[32] In der Lehre enthalten sind Kenntnisse zur sozialen und kosmisch/kosmologischen Bedeutung von Textilien sowie ihren Farben und Designs, die mit bestimmten Techniken erzeugt werden, ebenso wie die Bedeutung individueller Kreativität, die zu einer stetigen Reproduktion und Renovation der Erzeugnisse führt, sowie zu ihrem speziellen Gebrauch. Der Prozess, in stetigem Austausch mit den indigenen Partner*innen ein eigenes Textil herzustellen, empfindet die ortsübliche Sozialisation und Erziehung nach und erlaubt einen direkten und unmittelbaren Zugang zum Objekt, wenngleich das Weben und die Gewebe für beide Parteien situationsbedingt unterschiedliche Wertigkeit besitzen. Natürlich können solche Methoden im Museumsalltag nicht geleistet werden, obwohl dies mehr als wünschenswert wäre. Solange das nicht selbstverständlich ist, stehen immerhin die Ergebnisse und Erkenntnisse von Ingold und seinen Schüler*innen zur Verfügung.

Mit den Beispielen aktiver Annäherungen an das Material, den Schaffensprozess und den Gebrauch von Objekten leiten wir über zu visuellen Annäherungsformen, bei denen man heute sicherlich zuerst an das Abfotografieren denkt. Denn das Fotografieren erlaubt, bestimmte Aspekte in den Vordergrund zu stellen, in Kontext zu stellen oder für sich selbst wirken zu lassen. Doch hier ist auch die bewährte Methode des Objektzeichnens gemeint, die bis heute in der Archäologie in Gebrauch ist und die eine noch intensivere Annäherung an das Objekt erlaubt. Die zeichnerische Umsetzung von ethnographischen Gegenständen ist verschiedentlich in der Ethnographischen Sammlung im Rahmen studentischer Projekte geschehen.[33] Dabei geht es nicht (nur) um maßstabsgerechtes Zeichnen von Gegenständen oder ihrer Herstellungstechniken, wie sie als Illustrationen in

---

Außerdem Edenheiser; Förster, erscheint im September 2019.

31   Das macht laut Ingold die Ethnologie an sich aus – Ethnologie im Unterschied zu Ethnographie; teilnehmende Beobachtung im Unterschied zu Beschreibung (Ingold 2014).

32   Siehe den bereits genannten Ausstellungskatalog „Der Rote Faden".

33   Zuletzt 2014/15 EthnoGrafik – Objekte im Wechsel der Perspektive; Leitung: Ulrike Bieker, Dagmar Schweitzer de Palacios und Schabnam Kaviany; siehe auch 2002 Marburger Ethno-Graphische Experimente, www.uni-marburg.de/de/fb03/ivk/fachgebiete/kultur-und-sozialanthropologie/ethnographische-sammlung/vergangene-ausstellung (letzter Zugriff 15.08.2019).

frühen wissenschaftlichen Abhandlungen und auch auf alten Karteikarten in Ethnologischen Museen zu finden sind, sondern um freie Interpretationen, Assoziationen und Neu-Kontextualisierungen der Objekte. Der Grundgedanke dabei ist, dass sich über eine künstlerisch-kreative Auseinandersetzung mit Objekten neue Perspektiven und Themenfelder eröffnen, die über die herkömmlichen Objektanalysen hinausgehen. Denn die Künstlerin oder der Künstler, bzw. Studierende, muss sich intensiv mit Formen und Proportionen, mit Materialien und Gestaltung eines Objektes befassen, um dieses seinen Wahrnehmungen entsprechend in ein neues Produkt zu verwandeln. Damit wird der Zugang zu ästhetischen Details und auch zu sinnlich erfahrbaren Dimensionen des Objekts erhöht, wodurch sich übergeordnete Bedeutungsebenen erschließen und verarbeitet werden. Der Transfer von materiellen zu visuellen Ausdrucksformen stellt eine besondere Art von „Fremdwahrnehmung" und Übersetzung dar, erfüllt daher – freilich auf eigenwilligem und kontroversem Weg – ethnologische Ansprüche. Als Beispiel mag ein südamerikanischer Becher in Form eines Keru dienen, wie sie zur Darbietung von Trankopfern an die Pachamama, die Mutter Erde, benutzt worden sind. Die Verbindung des Bechers zu Fruchtbarkeitszeremonien regte Schabnam Kaviany zu einer Darstellung ihrer eigenen Interpretation des Keru an, die die Erde als Gebährmutter mit einem Fötus zeigt (Abb. 5 und 6).

Perspektiven

Wir sind ständig – und nicht nur im Museum – von verschiedensten Objekten umgeben, die unterschiedliche Bedeutung und unterschiedlichen Wert für uns besitzen. Wenn wir versuchen, ein Objekt zu kontextualisieren, schreiben wir ihm in seiner Beziehung zu uns eine Bedeutung zu. Bei diesem Prozess stellen wir verschiedene Ebenen fest, die zudem einer zeitlichen Dynamik unterliegen (s. o.). Wir bemerken auch, dass sich Zusammenhänge vielfach aus der Einbindung des Objekts in unterschiedliche Handlungen ergeben, aus denen heraus sich soziale Ereignisse entwickeln. Spätestens seit dem inzwischen klassischen Sammelwerk „The social life of things" (Appadurai [1986] 2006), und den darin enthaltenen Beitrag von Kopytoff wird diesem Geschehen auch von wissenschaftlicher Seite her Rechnung getragen. Darüber hinausgehend zeigen anschließende Theoriemodelle auf, dass ein Objekt aufgrund seiner materiellen Eigenschaften aus sich selbst heraus als Auslöser und Motor von Entwicklungen wirken kann.[34]

---

34 Siehe zusammengefasst in Hoskins 2013. Über den in diesem Zusammenhang geläufigen Begriff *agency* und seiner unterschiedlichen Auslegung siehe auch Schien; Halbmayer 2014: 243. Die Interpretationsansätze führen durch ihren ontologischen Bezug teilweise über die Betrachtung von Objekten als Repräsentationen von Kultur hinaus und erfordern

Für den engagierten Betrachter und die engagierte Betrachterin verharrt das Objekt keinesfalls in einer passiven Rolle. Vielmehr verfügt es über aktive Eigenschaften, die Aktionen und Reaktionen hervorrufen. Im Verlauf einer schrittweisen Annäherung fordert es uns heraus, sich mit einzelnen Elementen und Spuren auseinanderzusetzen und gibt den Blick auf die Vielzahl weiterer Anknüpfungspunkte frei. Dabei erfolgen immer wieder neue Bedeutungseinschreibungen, die dem Objekt immer wieder neue Wertigkeiten zuweisen.

Betrachten wir Objekte (nicht nur) als Repräsentationen von Kultur, so müssen wir uns verdeutlichen, dass es ganz unterschiedliche Interpretationsrahmen und -ansätze gibt.[35] Eine Aussage zu einem Objekt ist weder wertfrei noch allgemeingültig noch statisch. Durch ihre Allgegenwärtigkeit bieten uns Objekte einen gewinnbringenden Ausgangspunkt für die Erschließung weiter gefasster kulturanthropologischer Themenfelder, mit einer Vielzahl an Perspektiven und Projektionen innerhalb und außerhalb von Museen und Sammlungen. Sie tragen auf diese Weise zur (fach-)spezifischen Theoriebildung bei.

Literatur

Ahle, Tatjana et al. 2015: *Darf das in die Vitrine? Ethische Fragestellungen und ethnologische Ausstellungspraxis.* Marburg: Philipps-Universität. [Unveröffentlicht].

Appadurai, Arjun (Hrsg.) 2006 [1986]: *The social life of things. Commodities in cultural perspective.* Cambridge: Cambridge University Press.

Beer, Bettina; **Fischer**, Hans (Hrsg.) 2003: *Ethnologie. Einführung und Überblick.* Neufassung. Berlin: Dietrich Reimer Verlag.

Benjamin, Walter 1921: Die Aufgabe des Übersetzers. In: *Illuminationen. Ausgewählte Schriften I, 1920-1940.* www.textlog.de/benjamin-aufgabe-uebersetzers.html (letzter Zugriff 15.08.2019).

Bräunlein, Peter J. 2004: „Zurück zu den Sachen!" – Religionswissenschaft vor dem Objekt. Zur Einleitung. In: Bräunlein (Hrsg.): *Religion und Museum. Zur visuellen Repräsentation von Religion/en im öffentlichen Raum.* Bielefeld: Transcript, 7-54.

Clifford, James 1988: *The predicament of culture. Twentieth-century ethnography, literature, and art.* Cambridge, MA: Harvard University Press.

Deutscher Museumsbund (Hrsg.) 2019: *Leitfaden. Umgang mit Sammlungsgut aus kolonialen Kontexten.* 2. Fassung 2019.

Edenheiser, Iris; **Förster**, Larissa (Hrsg.) 2019: *Museumsethnologie – Eine Einführung: Theorien – Debatten – Praktiken.* Berlin: Dietrich-Reimer.

---

umfangreiche ethnographische Kenntnisse. Vgl. Henare et al. 2005.

35   Vgl. auch Clifford 1988: 215-251.

Feest, Christian F. 2003: Materielle Kultur. In: Beer; Fischer (Hrsg.) 2003: 239-254.

Feest, Christian F.; **Janata**, Alfred 1999: *Technologie und Ergologie in der Völkerkunde.* [Verschiedene Aufl.]. Berlin: D. Reimer.

Förster, Larissa; **Edenheiser**, Iris; **Fründt**, Sarah; **Hartmann**, Heike (Hrsg.) 2018: *Provenienzforschung zu ethnografischen Sammlungen der Kolonialzeit. Positionen in der aktuellen Debatte.* Elektronische Publikation zur Tagung »Provenienzforschung in ethnologischen Sammlungen der Kolonialzeit«, Museum Fünf Kontinente, München, 7./8. April 2017. http://edoc.hu-berlin.de/18452/19769 (letzter Zugriff 15.08.2019).

Gell, Alfred 1998: *Art and agency. An anthropological theory.* Oxford: Clarendon Press.

Gleizer Ribeiro, Berta 1988: Die bildliche Mythologie der Desana. In: Münzel (Hrsg.) 1988: 243-276.

Gliszczynski, Vanessa von; **Suhrbier**, Mona B.; **Raabe**, Eva Ch. (Hrsg.) 2016: *Der Rote Faden. Gedanken Spinnen Muster Bilden.* Weltkulturen Museum Frankfurt am Main. Bielefeld: Kerber.

Hahn, Hans Peter 2014 [2. überarbeitete Auflage]: *Materielle Kultur. Eine Einführung.* Berlin: Reimer.

Hallam, Elizabeth; **Ingold**, Tim 2014: *Making and growing. Anthropological studies of organisms and artefacts.* London: Routledge.

Henare, Amiria J. M.; **Holbraad**, Martin; **Wastell**, Sari (Hrsg.) 2005: *Thinking through things.* London: UCL.

Hicks, Dan; **Beaudry**, Mary Carolyn (Hrsg.) 2010: *The Oxford handbook of material culture studies.* Oxford: Oxford Univ. Press.

Hoff, Mareike 2006: Museum Wiesbaden. Teilbestand Sammlung Nassauischer Altertümer. Prüfungsarbeit. Repertorien des Hessischen Hauptstadtarchivs. Bestand 818. Wiesbaden. http://digitalisate-he.arcinsys.de/hhstaw/818/findbuch.pdf (letzter Zugriff 15.08.2019).

Hoskins, Janet 2013: Agency, Biography and Objects. In: Tilley (Hrsg.) 2013: 74-84.

Ingold, Tim 2000: *The perception of the environment. Essays on livelihood, dwelling and skill.* London, New York: Routledge.

Ingold, Tim (Hrsg.) 2011: *Redrawing anthropology: materials, movements, lines. Anthropological studies of creativity and perception.* Farnham: Ashgate.

Ingold, Tim 2014: „That's enough about ethnography!" In: *HAU: Journal of Ethnographic Theory* 4 (1): 383-395.

Ingold, Tim; **Hallam**, Elizabeth 2014: Making and Growing: An Introduction. In: Hallam; Ingold (Hrsg.) 2014: 1-24.

Journal of Material Culture. London: SAGE. http://journals.sagepub.com/home/mcu (letzter Zugriff 15.08.2019).

Kohl, Karl-Heinz 1993: *Ethnologie. Die Wissenschaft vom kulturell Fremden. Eine Einführung.* München: C.H. Beck (Studium).

Kohl, Karl-Heinz 2003: *Die Macht der Dinge. Geschichte und Theorie sakraler Objekte.* München: C.H. Beck.

Kopytoff, Igor 2006 [1986]: The cultural biography of things: commodization as process. In: Appadurai (Hrsg.) 2006: 64–94.

Korff, Gottfried [1991] 2002: Zur Eigenart der Museumsdinge. In: Korff, Gottfried; Eberspächer, Martina (Hrsg.): *Museumsdinge. Deponieren - exponieren.* Köln/Weimar/Wien: Böhlau, 140-145.

Korff, Gottfried [1997] 2002: Fremde (der, die, das) und das Museum. In: Korff, Gottfried; Eberspächer, Martina (Hrsg.): *Museumsdinge. Deponieren - exponieren.* Köln/Weimar/Wien: Böhlau, 146-154.

Kraus, Michael 2001: ,…ohne Museum geht es nicht' - Zur Geschichte der Völkerkunde in Marburg. In: Voell (Hrsg.) 2001: 31–65.

Kraus, Michael 2016: „The Museum as Maloca". In: *Museumskunde* 81 (1), 69-74.

Lemmonier, Pierre 1992: Introduction. In: Lemmonier (Hrsg.): *Technological Choices: Transformation in Material Cultures Since the Neolithic.* London, New York: Routledge, 1-35.

Lévi-Strauss, Claude 1973 [1962]: *Das Wilde Denken.* Frankfurt am Main: Suhrkamp.

Munn, Nancy D. 1966: „Visual Categories: An Approach to the Study of Representational Systems". In: *American Anthropologist* 68 (4): 936–950.

Munn, Nancy D. 1973: *Walbiri iconography: graphic representation and cultural symbolism in a central Australian society.* Ithaca [N.Y.]: Cornell University Press.

Münzel, Mark (Hrsg.) 1988: *Die Mythen sehen. Bilder und Zeichen vom Amazonas. Roter Faden zur Ausstellung 14 und 15.* Frankfurt am Main: Museum für Völkerkunde.

Münzel, Mark 2011/2012: Gegenstände, die sich im Wald verstecken. In: Erb, Julia; Euler, Thorsten (Hrsg.): *Gefunden im Dazwischen: Aufzeichnungen zum Begriff der Transition.* Gießen: Justus-Liebig-Universität Gießen, Institut für Soziologie, 33-48.

Peers, Laura; **Brown**, Alison K. (Hrsg.) 2003: Introduction. In.: Peers; Brown 2003: *Museums and Source Communities. A Routledge Reader.* London/New York: Routledge. 1-17.

Petermann, Werner 2004: *Die Geschichte der Ethnologie.* Wuppertal: Hammer. www.gbv.de/dms/faz-rez/FD1200410152505993.pdf (letzter Zugriff 15.08.2019).

Samida, Stefanie; **Eggert**, Manfred K. H.; **Hahn**, Hans Peter 2014: *Handbuch Materielle Kultur. Bedeutungen, Konzepte, Disziplinen.* Stuttgart: Verlag J.B. Metzler.

Santos-Granero, Fernando 2009: *The occult life of things. Native Amazonian theories of materiality and personhood.* Tucson: University of Arizona Press.

Schien, Stefanie; **Halbmayer**, Ernst 2014: „The Return of Things to Amazonian Anthropology: A Review". In: *INDIANA* 31, 421-437. DOI: 10.18441/ind. v31i0.421-437.

Seiler-Baldinger, Annemarie 1991: *Systematik der textilen Techniken.* (Völlig überarb. und erw. Neuaufl.). Basel: Wepf (Basler Beiträge zur Ethnologie 32).

Sichert, Elke 2016: *Vom Einzelobjekt zur Sammlung. Eine Metallspirale aus der Völkerkundlichen Sammlung der Philipps-Universität Marburg.* Archiv der Ethnographischen Sammlung der Philipps-Universität Marburg. [Unveröffentlicht].

Sigaut, François 2002 [1994]: Technology. In: Ingold, Tim (Hrsg.): *Companion Encyclopedia of Anthropology.* London: Routledge, 420-459.

Suhrbier, Birgit M. 1998: *Die Macht der Gegenstände. Menschen und ihre Objekte am oberen Xingú, Brasilien.* Curupira 6. Marburg: Curupira.

Suhrbier, Birgit M. 2000: Die Tücke des Objekts. In: Kraus, Michael; Münzel, Mark (Hrsg.): *Zur Beziehung zwischen Universität und Museum in der Ethnologie.* Curupira Workshop 5. Marburg: Curupira, 53-62.

Thomas, Nicholas 1991. The European appropriation of indigenous things. In: Thomas 1991: *Entangled objects: Exchange, material culture, and colonialism in the Pacific.* Cambridge, Mass.; London: Harvard University Press, 125-184.

Thomas, Nicholas 2001: „The museum as method". In: *Museum Anthropology* 33 (1): 6-10.

Tilley, Christopher Y. (Hrsg.) 2013: *Handbook of material culture.* London: SAGE.

Voell, Stéphane (Hrsg.) 2001: *„ohne Museum geht es nicht': die Völkerkundliche Sammlung der Philipps-Universität Marburg.* Curupira Workshop 7. Marburg: Curupira.

Abb. 1: Schamschurz Brasilien (Tiriyó) 1960er Jahre;
Material: Fasern, Plastikperlen, Münzen, Käferflügel, Federn, Samenkapseln;
in der Ethnographischen Sammlung Marburg seit 2000.

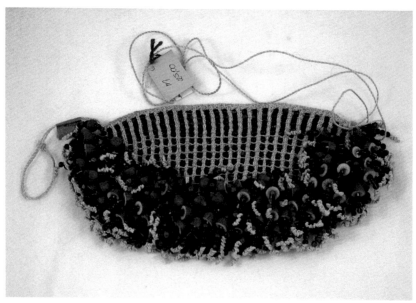

Abb. 2: Schamschurz Brasilien (Waimirí Atroari) von 2012;
Material: Fasern, Samenkapseln; in der Ethnographischen Sammlung Marburg seit 2012.

40

Abb. 3: Metallspirale, Tansania von Anfang des 20. Jh.;
ehemals Wiesbadener Sammlung Nassauischer Altertümer,
in der Ethnographischen Sammlung Marburg seit 1967.

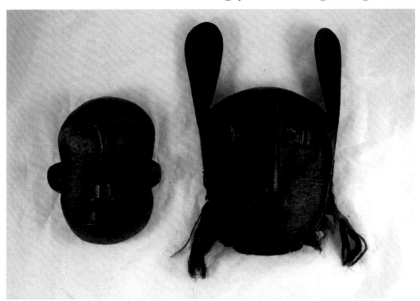

Abb. 4: Masken, Tansania, Beschriftung: „Makonde";
ehemals Wiesbadener Sammlung Nassauischer Altertümer;
in der Ethnographischen Sammlung Marburg seit 1967.

41

Abb. 5: Keru, Peru, vermutlich Chimú-Kultur;
Material: Ton, ehemals Wiesbadener Sammlung Nassauischer Altertümer,
in der Ethnographischen Sammlung Marburg seit 1967.

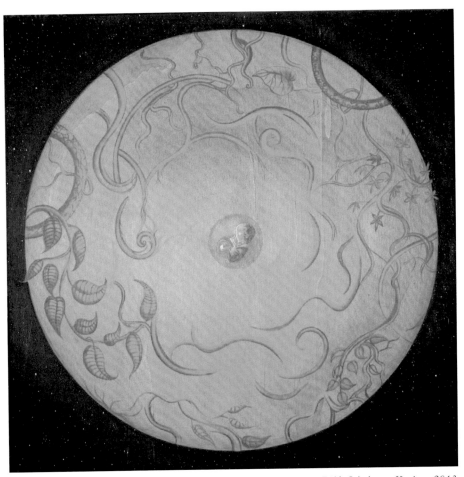

Abb. 6: Pachamama, Bild; Schabnam Kaviany 2013.

Hoffnung, Heldentum und Heiligkeit: La Santa Muerte in Querétaro, Mexiko

Lisa Ludwig

Dieser Artikel[1] stellt ein Amulett und ein dazugehöriges kleines Gebetsbild vor, die ich bei meinem Besuch im Santuario de la Santa Muerte[2] im Herbst 2015 während einer ethnologischen Feldforschung in Querétaro (Mexiko) im Rahmen meiner Masterarbeit[3] erworben und der Ethnographischen Sammlung in Marburg geschenkt habe. Es handelt sich dabei um Devotionalien, also Gegenstände, die der Andacht oder der Verehrung einer Gottheit dienen (Auffahrth; Kippenberg; Michaels (Hrsg.) 2006: 110). Sie zeigen die mexikanische Heilige Santa Muerte mit ihren Begleitern Jesús Malverde und den in der römisch-katholischen Kirche als Heiligen kanonisierten Judas Thaddäus. Die Objekte stehen in Zusammenhang mit aktuellen sozio-politischen Prozessen, die zur Entstehung, Verehrung und Transformation dieser Heiligen führten und, neben der Einrichtung von Heiligtümern, in der Herstellung eben dieser Devotionalien ihren Ausdruck finden. Dies soll im folgenden Aufsatz gezeigt werden, in dem ich mich vorwiegend auf die Daten meiner Feldforschung stütze.

Die Literatur zur Figur und der Verehrung der Santa Muerte ist bislang sehr überschaubar. Eine zentrale Publikation liefert der US-amerikanische Religionswissenschaftler R. Andrew Chesnut (2012) mit einem umfassenden Werk zur Geschichte und Verehrung der Santa Muerte sowie zur Deutung ihrer farblichen Attribute. Die Verehrung der Santa Muerte wird in Bezug auf Querétaro bislang wissenschaftlich kaum besprochen, lediglich in einem kurzen Artikel von Claudia Reyes Ruiz (2011) findet die Existenz eines Templo de la Santa Muerte im Ort Pedro Escobedo (Querétaro) zwei kurze Erwähnungen. Die meisten Darstellungen zu Santa Muerte in Querétaro finden sich in knappen journalistischen Artikeln, Blog-

---

1 Dieser Artikel wurde ursprünglich als studentische Hausarbeit verfasst mit dem Ziel, neben einer Objektbeschreibung eine Kontextualisierung auf Basis von Feldbeobachtungen zu erstellen, um einen Eindruck der damaligen sozio-politischen Situation vor Ort festzuhalten.

2 Kann als „Kapelle" oder „Heiligtum des Heiligen Todes" übersetzt werden.

3 Ludwig, Lisa 2016: ,Sin esperanza no hay acción.' Zivilgesellschaftliche Menschenrechtsverteidigung in Querétaro, Mexiko. Masterarbeit bei Prof. Dr. Ernst Halbmayer und Dr. Sylvia Karl. Marburg: Philipps-Universität.

einträgen und der Facebookseite Santuario de la Santa Muerte (Santuario de la Santa Muerte 2016). Im gesamtmexikanischen Kontext wurde Santa Muerte zuerst von Journalist*innen, Autor*innen und freien Wissenschaftler*innen bearbeitet, bevor sie auch auf breiteres akademisches Interesse stieß (Flores Martos 2012: 57). Aus Gründen der spärlichen Literatur bezieht meine Analyse daher Heiligtum, Ikonografie der Heiligen und ihrer Begleiter und ihre Bedeutung im sozio-politischen Kontext von Mexiko mit ein.

Das Santuario de la Santa Muerte in Pedro Escobedo, Querétaro

Im Bundesstaat Querétaro, der sich in 18 Verwaltungsbezirke gliedert und nordwestlich von Mexiko-Stadt gelegen ist, leben zum Zeitpunkt der Feldforschung insgesamt circa 2.040.000 Menschen (INEGI 2015). Das Heiligtum der Santa Muerte liegt im queretanischen Verwaltungsbezirk Pedro Escobedo und befindet sich in einem seit 1993 existierenden zweistöckigen Gebäude, das ich während meines Aufenthaltes in Querétaro in Begleitung des Anthropologen Ricardo Vargas[4] besuchen konnte.

Es ist zunächst nicht leicht, das Santuario de la Santa Muerte zu finden, da es keine Beschilderung an der Straße gibt. Zwar ist die Kapelle von der viel befahrenen Schnellstraße aus gut sichtbar, liegt aber tatsächlich etwas abseits und an einer Schotterpiste. Zufällig kommt man hier nicht vorbei. So nimmt man in Querétaro die viel befahrene Autobahn Nr. 45 stadtauswärts in Richtung Mexiko-Stadt bis Pedro Escobedo. Von der Hauptstraße des Ortes, in dem etwa 10.000 Menschen leben, der Avenida Panamericana, biegen Vargas und ich in die schlaglochgeschädigte Schotterpiste namens Boulevard Reforma ab, entlang an einem kleinen Bach, der an ein Feld grenzt. In diesem Rinnsal, erwähnt Vargas am Steuer sitzend, würden häufiger Opfer von gewaltsamen Bandenauseinandersetzungen tot aufgefunden. Währenddessen fahren wir an einem mit Luftballons geschmückten Veranstaltungszentrum für Familienfeierlichkeiten vorbei - es scheint, als fände dort gerade ein Fest statt. Danach gerät ein zweistöckiges Gebäude mit einem im Rohbau befindlichen Glockenturm linker Hand in mein Sichtfeld, in dessen Einfahrt wir abbiegen und im Hof parken. Vom Parkplatz aus sieht man, schon von der Autobahn aus weithin sichtbar, die blaugrün gestrichene Frontfassade des Haupteingangs, Eingangstreppe und einen barrierefreien Zugang mit den aufgemalten schwarzen Lettern „Santuario de la Santa Muerte" (Abb. 1). Daneben ist ein gro-

---

4   Alle Interviewpartner*innen sind in der vorliegenden Arbeit zu ihrem Schutz und auf ihren persönlichen Wunsch hin anonymisiert.

ßes *mural* unübersehbar: ein überdimensionales Wandgemälde in Airbrush-Technik, auf dem die Santa Muerte zu sehen ist (Feldnotizen 24.10.2015).

Während meines Besuches in der Kapelle im Oktober 2015 beantwortet mir eine Angestellte, die ein Namensschild mit dem Aufdruck „Estrella, Santuario de la Santa Muerte" trägt, meine Fragen und lädt uns zu einer Prozession am 31. Oktober 2015 vom Stadion der Stadt Querétaro zum Santuario nach Pedro Escobedo auf dem Standstreifen der Carretera Federal 45 ein. Dort würden auch viele Familien teilnehmen und wir wären herzlich willkommen, betont sie. Es gäbe auch Musikgruppen, Essensstände und es würde sicher nicht langweilig werden. Selbstverständlich sei es möglich, Fotos vom Innenraum zu machen (Abb. 2), nimmt sie, angesichts der Kamera in meiner Hand, meine Frage vorweg (Feldnotizen[5] 24.10.2015).

Die Wände im Innenraum des Santuario zeigen unterschiedliche Darstellungen von Santa Muerte sowie von Jesús Malverde und der Jungfrau von Guadalupe, der omnipräsenten Nationalheiligen Mexikos[6]; davor stehen weitere, verschiedenfarbige Santa-Muerte-Statuen. In einer Ecke wird Jesús Malverde verehrt; an der Wand hängen bildliche Darstellungen, davor steht eine lebensgroße Figur von ihm. Die linke Seite zum Altarraum hin wird von einer Glasvitrine gesäumt, in der sich weitere Santa-Muerte-Figuren und Kunstblumengestecke befinden. Davor stehen zahlreiche Gebinde aus echten Blumen (Feldnotizen 24.10.2015).

Das Zentrum des zweiseitigen Altaraufbaus (Abb. 3) bildet eine figürliche Dreifaltigkeitsdarstellung von Vater, Sohn (Gottes) und Heiligem Geist, welche von zwei Regalnischen mit jeweils einer Gruppe von vier bis fünf Figuren gerahmt ist. Im rechten Regal befindet sich als zentrales Objekt eine gekrönte weiße Santa Muerte, die etwa 30 cm hoch ist und von einem Kreuz, zwei Madonnen-Statuetten und einer Antonius-Statue umringt wird. Zur linken Seite steht der Erzengel Michael, umgeben von zwei kleineren Santa Muerte-Figuren, einem Schädel, vermutlich aus Kunststoff, einem in Holz geschnitzten Gesichtsbildnis Jesu sowie einer Pietá, das heißt einer Darstellung Mariens mit dem toten Christus im Schoß, die derjenigen Michelangelos nachempfunden zu sein scheint.

Eine Hinweistafel am Eingang erklärt, dass man sich für religiöse Feste wie Trauungen, Erstkommunion- und Tauffeiern an den Devotionalienladen wenden kön-

---

5   Die anonymisierten Feldnotizen, Interviews und verwendeten Protokolle können gerne auf Anfrage bei der Autorin eingesehen werden.
6   Die Jungfrau von Guadalupe ist 1754 von Papst Benedikt XIV zur Patronin von Mexiko erklärt worden, siehe https://www.heiligenlexikon.de/BiographienM/Maria-Guadalupe.html (letzter Zugriff 15.08.2019).

ne. Dieser bietet auch ein großes Angebot an religiösen Artikeln, zu denen vor allem Kerzen (Abb. 4) und Amulettketten, aber auch Opfergaben, wie beispielsweise frische Äpfel, Zigaretten und bunte Stofftücher gehören. Solche Artikel gibt es vielfach in jedem Andenkengeschäft religiöser Orte in Mexiko zu erwerben (Feldnotizen 24.10.2015).

Das Amulett der Santa Muerte:
Sichtbar an der Hoffnung festhalten

Im Laden der Kapelle erwerbe ich ein Bildchen sowie ein Amulett der Santa Muerte - die Objekte, die sich nun als Schenkung in der Ethnographischen Sammlung Marburgs befinden (Abb. 5). Das Amulett besteht aus einem hochkant rechteckigen und beidseitig bestickten schwarzen Stück Synthetik-Ripsband mit einer Fläche von 4,8 cm x 3,2 cm und kann an einer fest geflochtenen weißen Anhängerschnur aus Synthetikgarn getragen werden, welches circa 40 cm lang und 1 cm breit ist. Auf die beiden Seiten des Amuletts ist jeweils eine Figur der Santa Muerte als Personifikation des Todes gestickt. Es handelt sich dabei je um ein Skelett, das ein ausladendes und gesäumtes Kapuzengewand trägt und in den Armen eine Sense und eine Waage hält. Sein Blick ist nach vorne gerichtet. Den Rahmen dieser Darstellung bildet auf beiden Seiten ein roter Zickzackstich aus Baumwolle, der sich ebenfalls gut sichtbar vom schwarzen Stoff abhebt. Die Santa Muerte-Darstellungen (Abb. 6) auf den beiden Seiten sind, bis auf die Farbgebung, identisch. Beide sind zweifarbig aus Lurex Garn auf schwarzem Stoffgrund gestickt. Auf der einen Seite trägt das weiß-silberne Skelett einen roten Umhang, auf der Kehrseite ist der Umhang weiß-silbern, das Skelett und seine Attribute sind goldfarben. Somit wird beim Wenden des Amuletts die rote zur weißen Santa Muerte und umgekehrt.

Im Folgenden werde ich einzeln auf die Figur, die Farben und die Attribute eingehen, um sie anschließend wieder in den Kontext zusammenzuführen. Zunächst sei angemerkt, dass in der Populärkultur des heutigen Mexikos die Beziehung zwischen Menschen und dem Tod sehr ausgeprägt ist, was sich auch in vielfältigen Personifizierungen des Todes als Skelett zeigt. Diese Beziehung hat ihren Ursprung in präkolonialen Kosmologien. Die aztekische Gottheit Coatlicue zum Beispiel, die als Schöpferin und Zerstörerin gilt, wird mit Totenschädeln verziert dargestellt. Die Beziehung zum Tod setzt sich kontinuierlich über römisch-katholische Ansichten eines guten Todes bis hin zur Patrimonialisierung des Todes in der Gegenwart fort (Thompson 1998: 419). Dementsprechend charakterisiert Chesnut die Santa Muerte als mexikanische, den Tod personifizierende, populäre Heilige, die die gelebte Religion von gesellschaftlichen Subgruppen abbildet (Chesnut 2012: 6).

Einer besonderen Rolle kommt den verschiedenen Farben zu. Laut Estrella, der erwähnten Angestellten im Santuario, stehe beispielsweise die Regenbogenfarbe einiger Kerzen für multiples Erbitten von Wundern, Rot, wie auf einer Seite des Amuletts, für Liebe und Leidenschaft (Information Estrella, Feldnotizen 24.10.2015). In Einklang damit spricht der US-amerikanische Anthropologe Thompson davon, dass die Santa Muerte zu Beginn ihrer Verehrung als Spezialistin in Liebesangelegenheiten verehrt wurde, bevor sie sich zur Patronin aller Anliegen wandelte.

> Santísima Muerte has gone beyond love spells to become a shadowy patroness of all kinds of Mexican magic, the pale and implacable counterpart of that other great protector [...] the Virgin of Guadalupe. (Thompson 1998: 406)

Die silberne Stickerei auf der anderen Seite des Amuletts symbolisiert vermutlich die weiße Version der Santa Muerte, La Blanca, die Glück bringende, die mit weißer Magie in Verbindung gebracht werde (Thompson 1998: 424). „Sie wird von einem Skelett personifiziert, das sich in ein jungfräulich weißes Tuch hüllt, aber zugleich mit einer Sense drohend an den Tod erinnert" (Kummels 2011: 362).

Nach Chesnut könne die Waage der Gerechtigkeit in ihrer Hand als Sinnbild für Gleichgewicht, Stabilität, Justiz und Gesetz gelesen werden. So suchten Menschen, die mit den juristischen Vorschriften in Konflikt geraten sind, in der Hoffnung auf eine für sie positive Lösung ihrer Probleme Zuflucht bei der Santa Muerte. Aber die Santa Muerte sei nicht als Richterin, sondern als eine Art übernatürliche Rechtsanwältin zu betrachten, die nicht urteile, sondern sich für ihre Auftraggeber*innen einsetze. Als eine Art weiblicher *Advocatus Dei* sei sie viel mehr daran interessiert, dass ihre Mandant*innen das beste Ergebnis erzielen, anstatt ihre Unschuld oder Schuld zu beweisen (Chesnut 2012: 69, 25).

Auch die Sense ist in zweifacher Hinsicht zu interpretieren. Zum einen steht sie als scharfe Waffe zum eigenen Schutz und zur Verteidigung; zum anderen für den „Sensemann" oder Gevatter Tod, der die mit Schuld behafteten Seelen der Verstorbenen erntet (ebd.: 66). Mit der Anrufung Santa Muertes sind also zwei Stufen der Hoffnung verbunden, die man als tatsächliche physische Unterstützung und eine eher spirituelle Wirkmächtigkeit bezeichnen könnte. Vor diesem Hintergrund erkennt Chesnut die Santa Muerte als „a formidable multitasker. As if the roles of physician, employment broker, love doctor, and avenging angel weren't enough, she also serves her devotees as the patron saint of justice" (ebd.: 25).

Der deutsche Politikwissenschaftler Wolfgang Muno erklärt diese doppelte Rolle Santa Muertes in Mexiko aus der gegenwärtigen Situation des Landes, das von Korruption, fehlender Ressourcenausstattung, mangelndem politischen Interesse sowie Vertrauensunwürdigkeit gekennzeichnet ist (Muno 2015: 181 f.). Menschen würden in einem Staat, dessen Exekutive „korrupt, ineffektiv, unmotiviert, schlecht ausgebildet und schlecht bezahlt [ist], häufig in Folterungen und Missbrauch, aber auch in organisierte Kriminalität verwickelt", wie Muno (2015: 184) die korrupten polizeilichen Strukturen Mexikos charakterisiert, Zuflucht bei der Santa Muerte suchen. Hinzu kommt die repressive Militarisierungswelle seit 2006 (Karl 2014: 37), die zur Zuspitzung der Situation für die Bevölkerung führte. In diesem Umfeld haben viele Menschen das Gefühl, deutet Chesnut, dass nur noch göttliche Interventionen von Nutzen sind. Sollten diese auch fehlschlagen, so bliebe die tröstende Hoffnung, dass letztendlich die Sense richten werde (Chesnut 2012: 25).

La cartulina:
Heldentum und Heiligkeit zum Anfassen und Einstecken

Zu dem beschriebenen Amulett gehört ein hochrechteckiges, 9,5 cm x 7,0 cm großes, glattes Devotionalienbild, eine sogenannte *cartulina*, d.h. eine kleine Karte aus bedrucktem Papier (Abb. 7). Zusammen bilden sie das Objektkonvolut M2591 der Ethnographischen Sammlung Marburg. Auf einer Seite ist ein Gebet; auf der hier zunächst betrachteten anderen Seite ist eine bildliche Darstellung abgedruckt. Wie der doppelte gelb-rote Schriftzug „Santa Muerte" in Frakturschrift kennzeichnet, handelt es sich um eine Darstellung der Heiligen. Die Figur der Santa Muerte, gekleidet mit Rock und Korsett, mit Sense bildet den Mittelpunkt der *cartulina*. Sie erscheint vor einem vorwiegend blauen Sternenhintergrund und wird von gelben Lilien, Perlenketten sowie von zwei Strahlenkränzen gerahmt. Begleitet wird sie von Jesús Malverde (links) und San Judas Tadeo (rechts), die als Halbfiguren hinter fünf gelben Rosen am unteren Rand eingefügt sind. Das farbintensive Bildchen wird, an den Ecken abgerundet, von einem schmalen hellgrauen Rahmen eingefasst. Hinter dem Schädel Santa Muertes hebt sich einer der beiden Strahlenkränze hervor. Der größere, der sich über das gesamte Bild ausweitet, entsteht in der Bildmitte hinter ihrem Körper und entfaltet eine kompositorische Sogwirkung und Perspektive. Offensichtlich wurde das Motiv der Karte computertechnisch unter Verwendung verschiedener Bilddateien für die drei Heiligen hergestellt.

Auffallend ist die Farbe Gelb, die in Lilien und Rosen, im Hemd des Jesús Malverde sowie in den blonden Haaren und dem Christusprofilbildnis, das Judas Thaddäus in der Hand hält, die Figur der Santa Muerte rundherum umspielt. Gelb ist in der christlichen Ikonografie „die Farbe der aus der Gesellschaft Ausgestoßenen" (Badstübner; Neumann; Sachs 1998: 134). Sie steht für Aussätzige, Ketzer*innen und, in Bezug auf Judas Ischarioth, der auch oftmals im gelben Gewand dargestellt wird, für Verräter*innen. Als Gelbgold wiederum symbolisiert es heiliges und himmlisches Licht (Badstübner; Neumann; Sachs 1998: 134).

Die Verwendung der Liliengewächse würde mit weißen Lilienköpfen und Blüten-stengeln auf eine römisch-katholische Marienverehrung hindeuten, allerdings sind im Fall der *cartulina* gelbe Lilienköpfe abgebildet, wodurch diese Deutung ins Leere läuft (ebd. 1998: 247). Unabhängig von Farbe und Darstellung mit bzw. ohne Sten-gel könnte die Lilie als ein Symbol für die Gnade Gottes in Bezug auf das Jüngste Gericht gedeutet werden und stünde in dieser Lesart als Sinnbild für die Sünden-vergebung (ebd. 1998: 70).

Neben der dominanten Verwendung der Farbe Gelb fallen verschiedene Zahlen auf, die sich in einen christlichen Bedeutungsrahmen einpassen lassen können. Den Vordergrund der *cartulina* bilden insgesamt fünf gelbe Rosen, jeweils zwei vor Jesús Malverde sowie vor San Judas Tadeo und eine etwas größere zu Füßen Santa Muertes. Die Zahl fünf könnte einen Hinweis auf die Stigmata Christi, die fünf Wundmale, sein. Vor allem in Darstellungen der Erscheinung Christi oder Christi als Weltenrichter werden sie verwendet (Badstübner; Neumann; Sachs 1998: 71).

Jesús Malverde:
Vom sozialen Banditen zum Patron des Drogenhandels

Jesús Malverde erscheint mit schwarzem Haarschopf und Schnauzbart, im Halb-profil, den Blick nach links gesenkt, mit verschränkten Händen und bekleidet mit einem kastanienbraunen Anzug über gelbem Hemd. Er trägt ein ihn charakterisie-rendes Halstuch unter dem Hemdkragen, das in zwei Ausläufern über der Brust endet. Die Ethnologin Marina Jaciuk (2008: 223) zieht mündliche Überlieferungen heran, die Jesús Malverde als mexikanischen Robin Hood und sozialen Banditen charakterisieren. Der historische Jesús Malverde habe, so erzählen es zahlreiche tradierte Geschichten, Ende des 19. bis Anfang des 20. Jahrhunderts im mexikani-schen Bundesstaat Sonora gelebt und sei am 3. Mai 1909 auf Befehl des sinaloen-sischen Governeurs und Widersachers Malverdes, Francicsco Cañedo in Culiacán, der Hauptstadt Sonoras, hingerichtet worden. Schon bald darauf ist ihm eine erste Wundertat zugesprochen worden, die den Beginn seiner Verehrung als Populärhei-liger Jesús Malverde, das heißt, als nicht kanonisierter Heiliger, zunächst an seinem Grab in Culiacán darstellt. In den 1970er Jahren ist die einstige Grabstätte Jesús Malverdes überbaut worden, was zu Konflikten mit den gläubigen Verehrer*in-nen führte. Die Auseinandersetzungen hatten sich erst geklärt, als eine Kapelle nahe des culiacanensischen Bahnhofs gebaut wurde, finanziell unterstützt durch staatliche Gelder. Die katholische Kirche führt offenbar bis heute kein kirchen-rechtliches Verfahren zur Kanonisierung Jesús Malverdes, sondern lehnt dessen Verehrung ab (ebd.).

Die in erster Linie soziale Konstruktion von Jesús Malverde beinhaltet somit zahlreiche regionale Narrative über Raum, Zeit und Menschen hinweg. Creechan und Herrán Garcia (2005: 11) beschreiben die Pilger*innen, die sich Malverde zuwenden, mit Bezug auf den mexikanischen Soziologen Arturo Lizárraga Hernández als Stigmatisierte, die sich in der zivilen oder religiösen Ikonografie der Mehrheitsgesellschaft nicht wiederfinden. Zu dieser Anhänger*innenschaft kamen mit der Zeit auch Involvierte des Drogenhandels hinzu, über deren Motivation sich spekulieren lässt:

> The reasons that narcos come to the chapel are unknown, but their occasional presence suggests an intriguing possibility that they either seek protection from the law officals and other criminals, or, they visit prior to breaking the law to ritually seek a temporary neutralization from the bondes of conformity. (Creechan; Herrán Garcia 2005: 11)

Jesús Malverde entwickelte sich durch die erweiterten Verehrungskreise, so Chesnut (2012: 56), vom edlen Banditen und einer Hoffnung bringenden Figur für marginalisierte Bevölkerungsteile zum Patron des Drogenhandels, der trinkt, raucht und Kokain konsumiert. Die Drogenkriminalität schließe gewaltvoll an die sozialen Spaltungen Mexikos an, die einst zur Verehrung Jesús Malverdes beigetragen hätten und führe zur Aneignung des Heiligen aus Sinaloa durch die sogenannten Narcos (Creechan; Herrán Garcia 2005: 21).

San Juda Tadeo: Gesandter in ausweglosen Situationen

Die andere Begleitfiguren zur rechten Seite von Santa Muerte auf der *cartulina* ist der christusähnlich dargestellte und einzig kanonische[7] Heilige, der Apostel Judas Thaddäus (San Juda Tadeo) mit blondgelocktem (Haar?), flaumbärtigem Gesicht, das von einer weißen Gloriole umrahmt wird. Er weist die für ihn gängigen Attribute auf: Stab, Christusbildnis, grün-weißes Gewand sowie eine Flamme über dem Haarschopf. Genannte Flamme verweist auf die Pfingstgeschichte, in welcher der Heilige Geist jeweils in Form einer Flamme auf die versammelten Apostel herabkam – unter ihnen auch Judas Thaddäus. Auf dem Bild trägt er eine weiße Tunika und einen über die rechte Schulter gelegten grünen Stoff mit goldenem Saum. Seine Rechte hält den schmalen Stab, der beinahe mit dem Sensenstiel Santa Muertes verschmilzt, und die andere Hand hält ein rundes Portrait Jesu. Dieses Christusmedaillon ist ein Attribut des Märtyrers Judas Thaddäus, so Braunfels, das auf

---

7   An dieser Stelle ist zu erwähnen, dass die Heiligkeit der meisten in der Legenda Aurea vorgestellten Heiligen auf ihrem Märtyrer*innentum oder ihrer Tätigkeit als Kirchenlehrer*innen basiert. Erst im 10. Jahrhundert beginnt die Kanonisierung im Form von Heiligsprechungen (De Voragine 2014a: 50 f.).

die Legende um König Abgar von Edessa, der ein Bild Jesu als Geschenk erhielt (Abgarbild[8]), hinweist (Braunfels 1976: 426).

Der Name Judas wird in der Legenda Aurea als glorreich, bekennend und Jubel verbreitend gelesen. Sein zweiter Name Thaddäus bedeutet, abgeleitet von *tharea* (Königsgewand) und *deus* (Gott), den Fürsten ergreifend. Neben weiteren Beinamen, wie Sohn des Jakobus, wird er kirchengeschichtlich auch als Läbbäus (lebes – Krug) oder Herz(chen), im Sinne von Verehrer des Herzens, genannt. Sein Gedenktag im Kirchenjahr ist der 28. Oktober und gemeinsam mit seinem Bruder Simon Zelotes und anderen zählt Thaddäus zu Jesu Aposteln (De Voragine 2014b: 2051). Judas Thaddäus erfährt in Mexiko größte Popularität (Chesnut 2012: 9) als sogenannter Fürsprecher in schwierigen und ausweglosen Situationen. Judas Thaddäus' und Apostel Simons Fürsprache, so die *Legenda Aurea*, soll König Abgar von Edessa von Krankheit geheilt (De Voragine 2014b: 2053 f.) und zwei zur Folter verurteilten äthiopischen Zauberern das Leben gerettet haben: „„Wir sind gesandt, vom Tod zum Leben zurückzuführen, nicht vom Leben in den Tod zu stürzen"" (De Voragine 2014b: 2061).

Vor allem die Kirche San Hipólito inmitten Mexiko-Stadts ist ein Zentrum der Verehrung von Judas Thaddäus, sie erinnert als Mahnmal an den Fall Tenochtitláns am 13. August 1521 durch die spanische Eroberung (Hernández Hernández 2011: 41 f.). Und auch um die Basílica de Guadalupe vor allem bei der Capilla del Cerrito auf dem Cerro del Tepeyac in Mexiko-Stadt verteilen Anhänger*innen von Judas Thaddäus kleine 2 cm hohe Plastikfigürchen und Andachtsbildchen desselben, wie ich es schon 2006 und auch wieder 2015 bei jeweils eintägigen Aufenthalten dort erlebt habe.

Oh gloriosa Muerte Blanca

Auf der anderen Seite des Bildchens befindet sich zentral in schwarzer Schrift und umrandet von einem grau-schwarzen Rahmen das Gebet „Oh gloriosa Muerte Blanca". Der Hintergrund ist sehr transparent gehalten. Aufgrund des unten stehenden Schriftzuges „Santa Muerte" lässt sich die Figur zwar vermuten, ist aber nur schwach zu erkennen.

---

8   Das sogenannte Abgarbild soll dem König Abgar von Edessa durch Judas Thaddäus überbracht worden sein, nachdem er Jesus um Heilung seiner schweren Krankheit gebeten hat. Daraufhin sei der König geheilt und Edessa missioniert worden (De Voragine 2014b: 2053). Eine weitere Legende spricht davon, dass ein Abdruck von Christi Gesicht auf einem Schweißtuch, das heißt einer Tuchikone, die Stadt Edessa vor einer persischen Einnahme verschont habe (Badstübner; Neumann; Sachs 1998: 81).

[1] ¡Oh gloriosa Muerte Blanca!
Yo bendigo al Señor
Que te hizo aparecer en el mundo
Para bien de la humanidad.
Dios se complació en derramar
Sus dones por tu conducto
Y valiéndose de ti,
Se mostró Padre cariñoso
[2] Y solicito de los mortales
¡Cuantos desconsolados recurrieron
A tu caridad
Para que les dieras alivio a sus penas!
Que las cosas perdidas
Fueran halladas,
Que se restableciera
En los matrimonios la paz,
[3] Y lograste ser llamada Santa Muerte Milagrosa
Por el gran numero de ellos
Que Dios obro por tu medio
Para remediar las miserias
Y las necesidades De las almas. Amén.

(Gebet auf der *cartulina*)⁹

Das Gebet beginnt mit der Anrufung und Preisung einer Kraft- bzw. Machtquelle [1], führt mit dem Ersuchen der Bitte [2] fort und endet mit einem lobpreisenden Schlusssegen [3] (Thompson 1998: 411). Der zweite Teil des Gebets bringt verschiedene alltägliche Probleme zur Sprache, mit denen sich die Menschen konfrontiert sehen. Damit werden die vielfältigen Aufgabenbereiche der Santa Muerte deutlich gemacht, wie etwa ihr Wirken bei Eheproblemen. Den Betenden kommt es offensichtlich nicht auf eine jenseitige Lösung an, sondern auf eine Verbesserung der leidvollen gegenwärtigen Situation. Dazu ersuchen sie die direkte Verbindung zur Heiligen (s.u.).

Insgesamt betrachtet vereinigt die *cartulina* drei mexikanische (Volks-)Heilige, die in Krisensituationen angerufen werden und verschiedene Bedürfnisse erfüllen. Of-

---

9   Oh, glorreiche Weiße Santa Muerte/ Ich preise den Herrn,/der Dich, zum Wohle der Menschheit, auf der Welt erscheinen ließ./ Es gefiel Ihm, Seine Gaben durch Dich zu verschütten/ und mit Deiner Hilfe/ Sich als liebevoller Vater zu erweisen./[2] Und ich erbitte von den Sterblichen/ So viele Trostlose wandten sich an Deine Großzügigkeit,/auf dass Du ihre Schmerzen linderst!/Dass die verlorenen Dinge gefunden werden mögen,/ dass in den Ehen wieder Frieden einkehre,/[3] und du erhieltest den Namen Wundertätige Santa Muerte/ ob deren großer Zahl,/die Gott durch Dich vollbracht hat,/um das Elend zu beheben/und die Nöte der Seelen. Amen. [Übersetzung Lena Muders].

fensichtlich ergänzen sie sich in den ihnen zugeschriebenen Wirkungsfeldern. Wie die Anrufung zeigt, kommt die Santa Muerte dabei die wichtigste Rolle zu: „Santísima Muerte is a multifaceted image, an image that changes to meet the needs of whomever is using it at the time" (Thompson 1998: 427).

Santa Muerte: eine Heilige für a l l e ?

Die Verehrung der Santa Muerte nahm wohl in Tepita, dem Viertel mit dem größten Schwarzmarkt Mexiko-Stadts ihren Anfang und verbreitete sich in den 1960er Jahren von dort aus über ganz Mexiko. Großen Aufschwung erfuhr die Santa Muerte erst in den 1990er Jahren, vor allem an der Grenze zu den USA (Flores Martos 2012: 58). Ausgelöst durch eine dramatische Währungskrise Mexikos im Jahr 1994, den sogenannten Tequila-Effekt, intensivierte sich die Migration in die USA schlagartig (Martín 2014: 182). Gewalt und Unsicherheit in der mexikanischen Hauptstadt nahmen zu und damit einhergehend stieg die Verehrung Santa Muertes,

> no nos encontramos ante una reliquia prehispánica, o una ‚supervivencia colonial‘, sino ante la manufactura popular y mediática de una creencia y complejo ritual en efervescencia que experimenta en la actualidad diferentes líneas y procesos de transformación. (Flores Martos 2012: 58)

Objekte der kleinen privaten Altäre Tepitos, Bilder und Tätowierungen gelangten über Straßen, Märkte und Personen über die Grenzen Mexiko-Stadts ins ganze Land und darüber hinaus, symbolisch wie ökonomisch (Flores Martos 2012: 58). 1993 wird der Bau der Kapelle in Pedro Escobedo begonnen.

Den Ausruf des sogenannten Krieges gegen Drogen im Jahr 2006 durch den damaligen Präsidenten Felipe Calderón bezeichnet Ramos Sánchez (2014: 24 f.) als nächsten historisch krisenhaften Moment nach 1994. Dieser guerra contra el narcotráfico und die aktuellen gewaltgeprägten Konflikte Mexikos wurden 2015 nicht im Zusammenhang mit dem Bundesstaat Querétaro gesehen, ebenso wenig wie zum Beispiel mit Quintana Roo und Yucatán. Diese gelten als zonas de silencio, als ruhige Zonen. Bewaffnete Auseinandersetzungen gehören eher in Guerrero, Tamaulipas und Michoacán zum Alltag (Mündliche Mitteilung Alejandra Flores, Journalistin, 21.12.2015).[10] Allerdings begegnet die mexikanische Regierung diesen Konflikten mit einer Dezentralisierungsstrategie, wie Vargas in einem Interview betont, um den sich durch Landflucht seit Anfang der 1990er vervielfachenden Zuzug nach Mexiko-Stadt zu verringern und auf andere hauptstadtnahe Orte wie

---

10 Das Auswärtige Amt rät beispielsweise dringend von „nicht zwingend notwendigen

Querétaro zu verteilen (Ricardo Vargas Interview 2015). Den bis heute konstanten Bevölkerungsanstieg dieses Bundesstaats und seiner Hauptstadt Querétaro führt Minerva Ramos Sánchez auf die Sicherheits- und Prosperitätsversprechen der queretanischen Regierung zurück (Ramos Sánchez 2014: 25). Trotz dieser Versprechen von Arbeitsplätzen und einem sicheren Lebensumfeld existieren laut Flores in Querétaro ebenfalls organisiertes Verbrechen, Korruption und Gewalt, was jedoch niemand wahrhaben oder öffentlich zugeben wolle, und die Umstände würden gezielt verschleiert (Mündliche Mitteilung Alejandra Flores 21.12.2015). Erste Gespräche mit lokalen Aktivist*innen in Querétaro bestätigen diesen Eindruck. So steige auch in Querétaro seit einigen Jahren die Zahl von verschwundenen, beziehungsweise verschwunden gelassenen Personen und von Feminiziden, das heißt, der gezielten Ermordung von Mädchen und Frauen auf Grund ihres Geschlechts (Ricardo Vargas Interview 2015).

In diesen wirtschaftlich-kriminell dominierten Netzen bilden sich eigene Lebensstile, Werte und Normen heraus. Die Alltagskultur verändert sich grundlegend hin zu einer Narcokultur, charakterisiert durch Phänomene wie Drogenballaden (Narcocorridos), die Verehrung von sogenannten Schutzheiligen der Mafia wie Santa Muerte oder Jesús Malverde und einer damit verbundenen materiellen Kultur (Huffschmid et al. 2012: 11).[11] Der Standort für das Heiligtum scheint nicht zufällig, denn Pedro Escobedo gilt laut Ricardo Vargas als ein bekannter Rückzugsort für Narcos in Querétaro (Ricardo Vargas Interview 2015). Pedro Escobedo entwickelte sich somit zu einem Kultort, der als Zentrum von Versammlungen und Wallfahrten eine besondere Stellung einnimmt (Auffarth; Kippenberg (Hrsg.) 2006: 299). Das zunächst einstöckige Haus wurde durch einen Anbau erweitert

---

Reisen in den Bundesstaat Tamaulipas [ab]. Von Reisen in ländliche Gebiete der Bundesstaaten Guerrero, Michoacán und Jalisco wird ebenfalls dringend abgeraten. Dort kommt es häufiger zu Ausschreitungen und bewaffneten Auseinandersetzungen zwischen der Organisierten Kriminalität, Sicherheitskräften und Bürgerwehren" (Auswärtiges Amt 2016). Mittlerweile hat sich die Sicherheitslage im Land verschärft und das Auswärtige Amt gibt stadtspezifische Warnungen heraus: „Die Sicherheitslage in weiten Teilen Mexikos verschlechtert sich stetig. (…) Besonders ausgeprägt ist die Gewalt in den nördlichen und westlichen Bundesstaaten entlang der Pazifikküste, sowie in Großstädten wie Tijuana, Acapulco, Victoria, Ciudad Juárez, Irapuato, Cancún, Culiacán, Uruapan, Obregón, Coatzacoalcos, Celaya, Ensenada, Tepic oder Reynosa. Auch in den an Mexiko-Stadt angrenzenden Gemeinden des Estado de México nimmt die Zahl der Gewaltdelikte weiter zu. Auch wohlhabende Stadtviertel der mexikanischen Großstädte sind immer häufiger von gewalttätigen Vorfällen, mit teils erheblichen Beeinträchtigungen oder Verletzungen von Anwohnern, betroffen" (Auswärtiges Amt 2019).

11   Auch der Erzengel Michael fügt sich als Teil des Altaraufbaus in das Bildprogramm um Santa Muerte ein, da er, geflügelt und mit Waffe dargestellt, als göttlich Beauftragter auch noch nach dem Tod schützend wirkt (De Voragine 2014b: 1879 f.).

und erhielt 2015 einen Glockenturm (Ricardo Vargas Feldnotizen 24.10.2015). Diese baulichen Veränderungen des Santuario lassen auf ein Wachstum der Anhänger*innen schließen.

Diese Anhänger*innenschaft ist zudem sehr heterogen. Vargas, der sich im Rahmen eines Filmprojekts mit Pedro Escobedo befasste, erzählt, er habe während der Filmaufnahmen Beobachtungen gemacht, in denen blutverschmierte bewaffnete Männer Opfergaben auf den Altarbereich gelegt haben. Er vermutet, dass sie damit ihren Dank für einen erfolgreichen Kampf ausdrücken wollten (Feldnotizen 24.10.2015). Die deutsche Ethnologin Kummels unterstreicht jedoch, dass sich nicht mehr nur Menschen aus marginalisierten Bevölkerungsteilen wie Straßenhändler*innen, Schmuggler*innen, Drogenhändler*innen oder Prostituierte Santa Muerte zuwenden, sondern auch Arbeiter*innen, Teile von Mittel- und Oberschicht wie Militärangehörige und erfolgreiche Geschäftsleute oder Künstler*innen (Kummels 2011: 363). Bei meiner teilnehmenden Beobachtung während der Wallfahrt 2015 fallen vor allem viele junge Familien auf (Abb. 8), die in der Dunkelheit mit Kinderwägen und Blumengestecken auf dem Standstreifen der viel befahrenen Schnellstraße pilgern (Feldnotizen 03.11.2015). Diese Wallfahrt findet jährlich in der Nacht vom 31. Oktober auf den 1. November vom Stadtrand Querétaros nach Pedro Escobedo statt. Wie Estrella vom Santuario de la Santa Muerte erzählt, ziehe die Wallfart jedes Jahr mehr Pilger*innen an und sei mittlerweile zu einer Art Kirmes mit Musik und Unterhaltung geworden. Auf die Frage, wer zu den Besucher*innen des Santuario zähle, antwortet sie, es kämen alle (Feldnotizen 24.10.2015).

Das Amulett als Zeugnis von Transformationen und Transkulturation mexikanischer Heiliger

Religiöse Objekte wie das beschriebene Amulett und das Bild sind ständige Begleiter ihrer Anhänger*innen und erfüllen individuelle und niedrigschwellige Bedürfnisse unterschiedlichster Bevölkerungsgruppen. Sie ermöglichen Formen mobiler und visueller Repräsentation im Alltag, wodurch sie den urbanen Raum sakralisieren (Kummels 2011: 363). In Pedro Escobedo selbst nimmt das Devotionalien-Geschäft ein Drittel des Raumes des Heiligtums ein. Während meines Aufenthaltes lässt sich beobachten, dass die Mehrheit der Besucher*innen dort einkauft. Die Beliebtheit Santa Muertes zeigt sich bis hin zur mexikanisch-US-amerikanischen Grenze, an der Devotionalienhändler*innen mehrheitlich Santa Muerte gewidmete Verkaufsartikel anbieten und verkaufen (Chesnut 2012: 9).

Zu diesem Erfolg der Figur Santa Muerte in Mexiko und – bedingt durch die Migrationsbewegungen – bis in die Vereinigten Staaten von Amerika haben wohl auch mimetische Annäherungen zwischen Santa Muerte und der Jungfrau von Guadalupe beigetragen, auch wenn erstere neumexikanischen Ursprungs ist (Flores Martos 2012: 56 f.). Demnach bietet Santa Muerte eine große Schutzfunktion im pluralistischen Feld von populärem mexikanischem Katholizismus und hybriden Glaubensausprägungen (Flores Martes 2012: 59-62). Dabei gilt unter den drei Dargestellten Santa Muerte, San Judas Tadeo und Jesús Malverde, die nicht in Konkurrenz zueinander stehen, sich aber ergänzen, Santa Muerte als die effektivste und schnellste Fürsprecherin (Flores Martes 2014: 124), wie auch aus dem Gebet der *cartulina* deutlich wird. Trotz der Verbreitung sichtbarer Repräsentationen der Santa Muerte findet in Querétaro kaum ein öffentlicher Diskurs zum Heiligtum statt, obwohl es bereits seit 1993 existiert und, den Bautätigkeiten nach zu schließen, weiter wächst. In das Bild Querétaros als Region, in der Wohlstand und Sicherheit zu finden sind, scheint das Santuario de la Santa Muerte nicht zu passen. Damit fügt es sich in die Vermutung, dass in Mexiko von staatlicher Seite aus versucht wird, Informationen zur Diversität der Anhänger*innenschaft Santa Muertes vorzuenthalten, um die eigenen Missstände und Involviertheit in den Drogenhandel zu verdecken (Kummels 2011: 377).

Nach Kummels verleiht die Hinwendung zu diesen Heiligenfiguren „der sozialen und wirtschaftlichen Marginalisierung und dem Leiden Ausdruck" (Kummels 2011: 363). Sie gehen „mit Blick auf eine wirksame Lösung ihrer Alltagsprobleme [..] direkte reziproke Beziehungen zu den Heiligen ein, ohne sich an eine der etablierten religiösen Institutionen zu binden" (2011: 378 f.). „Die Akteure [sic] interpretieren ihre Spiritualität [...] nicht in Opposition zur katholischen Kirche oder zum Staat. Vielmehr erweitern und transformieren sie die bestehenden religiösen Wahrnehmungen und Praktiken – und modifizieren damit auch den in Lateinamerika hegemonialen Katholizismus" (Kummels 2011: 378 f.).

Betrachten wir Amulett und *cartulina* vor diesem Hintergrund, so erschließen sich vielfältige Bedeutungsebenen, die über die individuelle Beziehung der Besitzer*innen zu den Heiligenfiguren hinausgehen. Sie sind materielle Zeugnisse komplexer sozio-religiöser Transformationsprozesse, die mit gewaltmäßigen sozio-politischen Umbrüchen einhergehen und soziale, kulturelle und nationale Grenzen überschreiten. Dies zu zeigen war Anliegen meines Beitrags.

Literatur

Auffarth, Christoph; **Kippenberg**, Hans G.; **Michaels**, Axel (Hrsg.) 2006 (5. völlig neu bearbeitete Auflage): *Wörterbuch der Religionen*. Stuttgart: Kröner.

Auswärtiges Amt 2016: Mexiko: Reise- und Sicherheitshinweise. https://www.

auswaertiges-amt.de/sid_118D1E05A5D976AB22925C96146D5292/DE/Laenderinformationen/00-SiHi/MexikoSicherheit.html?nn=368714#doc368646body-Text3 (letzter Zugriff 18.12.2016).

Auswärtiges Amt 2019: Mexiko: Reise- und Sicherheitshinweise. www.auswaertiges-amt.de/de/aussenpolitik/laender/mexiko-node/mexikosicherheit/213648#content_1 (letzter Zugriff 17.07.2019).

Badstübner, Ernst; **Neumann**, Helga; **Sachs,** Hannelore 1998 (7. überarbeitete Auflage): *Christliche Ikonographie in Stichworten.* München: Koehler & Amelang.

Braunfels, Wolfgang (Hrsg.) 1976: *Lexikon der christlichen Ikonographie.* Ikonographie der Heiligen. Rom: et al. Herder, Band 8.

Chesnut, R. Andrew 2012: *Devoted to Death: Santa Muerte, the Skeleton Saint.* New York: Oxford University Press.

Creechan, James H.; **de la Herrán Garcia**, Jorge 2005: „Without God or Law: Narcoculture and belief in Jesús Malverde". In: *Religious Studies and Theology* 24 (2), 5-57. www.researchgate.net/publication/250015193_Without_God_or_Law_Narcoculture_and_Belief_in_Jesus_Malverde (letzter Zugriff 15.08.2019).

De Voragine, Jacobus 2014a: *Legenda aurea.* Hg. u. übers. v. Bruno W. Häuptli. Freiburg: Herder, Band 1.

De Voragine, Jacobus 2014b: *Legenda aurea.* Hg. u. übers. v. Bruno W. Häuptli. Freiburg: Herder, Band 2.

Flores Martos, Juan Antonio 2014: „Iconografías emergentes y muertes patrimonializadas en América Latina: Santa muerte, muertos milagrosos y muertos adoptados". In: *AIBR Revista de Antropología Iberoamericana* 9 (2), 115-140. www.hdl.handle.net/10578/6900 (letzter Zugriff 01.08.2017).

Flores Martos, Juan Antonio 2012: Transformismos y transculturación de un culto novomestizo emergente: La Santa Muerte Mexicana. Teorías y prácticas emergentes en antropología de la religión. In: *XI Congreso de Antropología: retos teóricos y nuevas prácticas*: 55-76. www.ankulegi.org/wp-content/uploads/2012/03/1004Flores-Martos.pdf (letzter Zugriff 15.08.2019).

García Canclini, Néstor 1997: *Transforming Modernity. Popular culture in Mexiko.* Austin: University of Texas Press.

Gaytán Alcalá, Felipe 2008: „Santa entre los malditos. Culto a La Santa Muerte en el México del siglo XXI". In: *LiminaR. Estudios Sociales y Humanísticos* 6 (1). Tuxtla Gutiérrez, Chiapas: Mexiko: 40-51.

Hernández Hernández, Alfonso 2011: „Devoción a la Santa Muerte y San Judas Tadeo en Tepito y anexas". In: *El Cotidiano*. 169: 39-50. URL: http://132.248.9.34/hevila/ElCotidiano/2011/no169/4.pdf (letzter Zugriff 17.07.2019).

Huffschmid, Anne et al. 2012: *NarcoZones: Entgrenzte Märkte und Gewalt in Lateinamerika.* Berlin: Assoziation A.

INEGI Instituto Nacional de Estadística y Geografía 2015: *Encuesta Intercensal 2015*. www.inegi.org.mx/sistemas/tabuladosbasicos/default. aspx?c=33725&s=est (letzter Zugriff 01.08.2017).

Jaciuk, Marina 2008: „Nicht-kanonisierte Heilige" als transkulturelle Symbole. Das Beispiel von Jesús Malverde in Mexiko. In: Doering-Manteuffel, Sabine; Gingele, Tobias; Stocker, Doris (Hrsg.) 2008: *Jahrbuch für Europäische Ethnologie*. Paderborn: Schöningh.

Karl, Sylvia 2014: *Kampf um Rehumanisierung: die Verschwundenen des Schmutzigen Krieges in Mexiko*. Bielefeld: transcript.

Kummels, Ingrid 2010: Globale Heilige: Transnationalisierungen des Religiösen in Lateinamerika. In: Paul, Axel T.; Pelfini, Alejandro; Rehbein, Boike (Hrsg.) 2010: *Globalisierung Süd. Leviathan. Sonderheft 26*. Wiesbaden: Verlag für Sozialwissenschaften, 360-381.

Martín, Desirée A. 2014: *Borderlands Saints. Secular Sanctity in Chicano/a and Mexican Culture*. Reihe: Transnational cultures in the United States. New Brunswick: Rutgers University Press.

Muno, Wolfgang 2015: Rechtsstaatlichkeit in Mexiko. In: Schröter, Barbara (Hrsg.) 2015: *Das politische System Mexikos*. Leibniz-Zentrum für Agrarlandschaftsforschung e. V. Wiesbaden: Springer, 175-190.

Possamai, Adam 2008: Popular religion. In: Beyer, Peter; Peter B., Clarke. 2008: *The world's religions: continuities and transformations*. London: Routledge, 479-492.

Ramos Sánchez, Minerva 2014: ¿Un Mundo de Lewis Carroll? Crecimiento y violencia en Querétaro. www.ri.uaq.mx/bitstream/123456789/2434/1/RI001411.pdf (letzter Zugriff 17.07.2019).

Ruiz, Claudia Reyes 2011: „Historia y actualidad del culto a la Santa Muerte". In: *El Cotidiano* 169: 51-57. www.elcotidianoenlinea.com.mx/pdf/16906.pdf (letzter Zugriff 17.7.2019).

Santos-Granero, Fernando 2009: From baby sling to feather bibles and from star utensils to jaguar stones. In: Santos-Granero, Fernando. (Hrsg.) 2009: *The Occult life of things. Native Amazonian Theories of Materiality and Personhood*. Tucson: University of Arizona Press.

Santuario de la Santa Muerte 2016: Facebookseite des Santuario de la Santa Muerte in Pedro Escobedo, Querétaro. www.es-la.facebook.com/Santuario-de-la-Santa-Muerte-Pedro-Escobedo-Qro-864793786879239/ (letzter Zugriff 15.08.2019).

Thompson, John 1998: „Santísima Muerte: On the Origin and Development of a Mexican Occult Image". In: *Journal of the Southwest* 40 (4), 405-436. www.jstor.org/stable/40170073 (letzter Zugriff 15.08.2019).

Abb. 1: Das Santuario de la Santa Muerte in Pedro Escobedo.

Abb. 2: Innenraum,
Glasvitrine mit Blumengebinden auf der linken Seite.

Abb. 3: Altarraum.

Abb. 4: Auswahl von Kerzen in verschiedenen Farben.

63

Abb. 5: Amulett Santa Muerte und cartulina (M 2591);
erworben für die Ethnographische Sammlung 2015.

Abb. 6: Amulett Santa Muerte und cartulina (M 2591);
erworben für die Ethnographische Sammlung 2015.

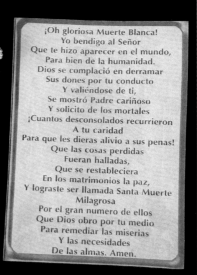

¡Oh gloriosa Muerte Blanca!
Yo bendigo al Señor
Que te hizo aparecer en el mundo,
Para bien de la humanidad.
Dios se complació en derramar
Sus dones por tu conducto
Y valiéndose de ti,
Se mostró Padre cariñoso
Y solícito de los mortales
¡Cuantos desconsolados recurrieron
A tu caridad
Para que les dieras alivio a sus penas!
Que las cosas perdidas
Fueran halladas,
Que se restableciera
En los matrimonios la paz,
Y lograste ser llamada Santa Muerte
Milagrosa
Por el gran numero de ellos
Que Dios obro por tu medio
Para remediar las miserias
Y las necesidades
De las almas. Amen.

Abb. 7: Die cartulina.

Abb. 8: Eine Familie wendet sich der weißen Santa Muerte zu.

„Ihr, meine Farben, sollt mich schmücken, noch im Tod"
Eine Ethnographie des Couleurbandes der Studentenverbindungen

LENA MUDERS

> „Mit dem grün-weiß-roten Bande
> schmück ich mich in stolzer Lust,
> ruf' in trauter Freunde Kreise
> jubelnd laut aus voller Brust:
> grün die Hoffnung,
> weiß die Unschuld
> und die Liebe rosenrot,
> grün-weiß-rot, ihr, meine Farben,
> sollt mich schmücken noch im Tod."
> *Strophe aus einem Farbenlied der T! Schaumburgia*

Zur Einführung

Am Abend des 19. Septembers 2017 saß ich zusammen mit einer Gruppe Studierender in dem spärlich beleuchteten Gemeinschaftsraum eines nur von Studenten bewohnten Hauses an einem Tisch, der die Spuren durchzechter Nächte, von Glasrändern, Kronkorken und tropfenden Kerzen trug. Wir unterhielten uns über die Uni, Partys, die Zukunft. Zwar studierten wir unterschiedliche Fächer, doch wir waren alle ungefähr im gleichen Alter, in ähnlichen Lebensphasen, lebten in derselben Stadt und studierten an derselben Universität. Wir verstanden uns daher ziemlich gut. Ich hatte sie vor einigen Monaten so kennengelernt, wie sie jetzt dasaßen, in Hemden und mit leuchtenden Bändern, die von oben rechts bis unten links über ihre Oberkörper liefen. Die metallenen Ränder der Bänder reflektierten das Kerzenlicht. Obwohl mir der Anblick nicht neu war, fiel es mir schwer, weg zu sehen. Ich hatte das Gefühl, nicht mit der Person sprechen zu können, ohne zugleich mit dem Band zu sprechen. So wie es die Anderen miteinander zu verbinden schien, schuf das Band zwischen mir und ihnen eine Distanz. Ich nahm es deutlich als Ding wahr, welches im Stande war, menschliche Interpretationen und somit auch Interaktionen zu beeinflussen. Im November fragte ich einen der Korporierten[1] nach der Möglichkeit, ein Burschenband für die Ethnographische Sammlung zu bekommen. Er sagte, ein unbenutztes Stück Band „von der Rolle" dürfe kein Problem darstellen, doch er halte es für unwahrscheinlich, ein gebrauchtes zu bekommen. Ich fragte mich: Wie konstituiert sich die ambivalente Bedeutung des Bandes in Studentenverbindungen, welches sowohl ein Gegenstand von rein symbolischer Bedeutung sein kann, als auch ein individuelles Ding von persönlichem Wert?

Ich werde im Folgenden zunächst das Objekt beschreiben, um dann mein methodisches Vorgehen sowie den theoretischen Hintergrund meiner Arbeit zu erörtern. Die Annäherung an das Objekt ist an dieser Stelle eine ethnographische, die sich um das emotionale und kognitive Nachvollziehen der emischen Perspektive bemüht. Der Fokus liegt zum einen auf den konventionellen Funktionen des Objekts im lokalen Symbolnetzwerk, auf seiner Einbettung in kulturelle Praktiken sowie auf den Mensch-Ding-Beziehungen, die kollektiver und subjektiver Natur sein können.[2] Die Zeile „Ihr meine Farben, sollt mich schmücken noch im Tod" stammt aus dem Farbenlied einer Marburger Studentenverbindung und ist für diese Mensch-Ding-Beziehung bezeichnend.

Objektbeschreibung und Objektbiografie

Das Couleurband der ethnographischen Sammlung (Abb. 1) trägt die Inventarnummer M 2858. Es besteht aus Kunstseide und ist 160 cm lang. Die Breite entspricht mit 27 mm den traditionellen Maßen eines sogenannten „Bierbandes"[3], welches für Fuxen[4]- und Burschenbänder Verwendung findet. Bei diesem hier handelt es sich um ein Burschenband, da es, im Gegensatz zum meist zweifarbigen Fuxen-

---

1 **Korporierte**: synonym zu Verbindungen wird von Korporationen oder Bünden gesprochen. Selbstbezeichnungen sind Korporierter, Korpo oder Buxe; „Burschi" ist ein Schmähwort der Verbindungsgegner.

2 Dieser Artikel behandelt lediglich einen Aspekt der materiellen Kultur von Studentenverbindungen. Wer sich weiterführend für die Geschichte des Couleurstudententums, das Leben in Studentenverbindungen und das „studentische Brauchtum" interessiert, dem seien das Markomannenwiki (www.markomannenwiki.de) und „Die Fuxenstunde" (Grün; Vogel 2016) als Literatur von Korporierten empfohlen, außerdem u. A. Böcher 2001 und Krause 1987.

3 **Bierband**: Maß für das „Alltagsband"; schmälere Wein- und Sektbänder werden zu festlicherer Kleidung getragen, für Zipfel (s. u.) und Schleifen (für Damen oder Freunde, sog. Conkneipanten) verwendet.

4 **Fux** (bei Corpsstudenten Fuchs): der Fuxenstatus kennzeichnet die Novizenzeit des Korporierten, der vom Fuxmajor in der Fuxenstunde in das Verbindungsleben eingeführt wird.

band, dreifach längs gestreift ist. Die Farben dieses Bandes sind rot-weiß-rot. Dies sind die Farben des Katholischen Studentenvereins (K. St. V.) Thuringia im KV zu Marburg. Der Rand des Bandes, die sogenannte Perkussion, besteht aus silbernen Metallfäden. Die beiden abgeschnittenen losen Enden des Bandes werden von dem Keramikverschluss einer Bügelflasche, der durch zwei roh belassene Löcher im Band gesteckt wurde, und dem entsprechenden Dichtungsring aus Gummi zusammengehalten. Dies ist die konventionelle Form, das Band zusammen zu halten, sofern der Träger keinen speziell zu diesem Zweck gefertigten Bandknopf besitzt. Das Band ist in sehr sauberem und kaum verschlissenem Zustand, was daran liegt, dass es nur wenige Wochen in Gebrauch war. Es wurde als Ersatzband von der Rolle abgeschnitten, da sein Besitzer glaubte, sein Burschenband verloren zu haben. Nachdem er sein Band überraschend wiedergefunden hatte, hörte er auf, das Ersatzband zu tragen und lagerte es eingerollt in seiner Wohnung, bis der Convent[5] Thuringiae im Dezember 2017 entschied, dass er es der Ethnographischen Sammlung schenken dürfe, mit der Auflage, es nicht zu „schänden" (Abb. 2).

Die Methode und das Feld

Während einer Feldforschung im Rahmen des zum Masterstudium der Kultur- und Sozialanthropologie gehörenden Rechercheteams bot sich mir im Jahr 2017 die Möglichkeit, Mitglieder einiger Marburger Studentenverbindungen (siehe Tabelle der Marburger Korporationen im Anhang) kennenzulernen, die mich an ihrem Alltag, ihren Festen und ihren Gedanken teilhaben ließen. Da ich als studentische Hilfskraft in der Ethnographischen Sammlung der Philipps-Universität arbeitete, und zuvor in der Bonner Altamerikasammlung tätig war, fiel mein Augenmerk gleich auf die reichhaltige materielle Kultur der Verbindungen. Ich besuchte zahlreiche offizielle Veranstaltungen und verbrachte ungezählte Stunden bei Bier und Gesprächen mit diesen Studierenden und Absolvent*innen der Philipps-Universität, die mir auf Grund ihres Korporiertseins zu Beginn so fremd erschienen. Die teilnehmende Beobachtung bot, ob der akademischen Gesprächskultur des Feldes, oft die Möglichkeit zu Unterhaltungen über Themen von anthropologischem Interesse. Somit sind meine Feldtagebücher meine wichtigste Quelle. Die vorliegende Arbeit basiert besonders auf der Feldforschung bei zwei Verbindungen, dem Katholischen Studentenverein Thuringia und der Turnerschaft Schaumburgia, bei denen meine Kollegin und ich neben der teilnehmenden Beobachtung auch narrative Interviews führten. Wir baten unsere Interviewpartner, uns die Geschichte ihres

---

5 **Convent**: Mitgliederversammlung der aktiven Burschen, ggf. auch Füxe, ohne Alte Herren. Der Convent trifft demokratisch die meisten das alltägliche Bundesleben betreffenden Entscheidungen.

Lebens als Korporierte zu erzählen. Im Anschluss stellte ich Leitfragen zum Band. Verschiedene Formen von Studentenverbindungen unterscheiden sich unter anderem im „Farbenprinzip: Farbentragend bedeutet, dass die Mitglieder die Farben des Bundes in Form von Band, Mütze und Zipfelbund[6] führen" (Fuxenmappe[7] der Turnerschaft Schaumburgia 2017). Farbenführende Bünde besitzen einen Zipfelbund, tragen aber kein Band. Bei der Thuringia handelt es sich um eine konfessionelle Verbindung, die nichtschlagend, unpolitisch und farbenführend ist, ihren Mitgliedern das Tragen eines Bandes jedoch in der Praxis frei stellt. Die Schaumburgia ist eine Turnerschaft; pflichtschlagend, unpolitisch und farbentragend. Beide sind Männerbünde und in der Marburger Szene als interkorporativ aufgeschlossen zu betrachten, da ihre Mitglieder regelmäßig andere Bünde besuchen und auch selbst gern Besuch empfangen. Auch uns gegenüber zeigte man sich freundlich, interessiert und hilfsbereit. Bei der Turnerschaft konnten wir die Fotografie als Methode der Annäherung an materielle Kultur nutzen, was zu weiterführenden Eindrücken und Gesprächen führte. Teilnehmende Beobachtung und Gespräche waren mir des Weiteren bei einem farbenführenden, gemischtgeschlechtlichen Bund sowie bei zwei farbentragenden Burschenschaften möglich. Ich kann ausschließlich beschreiben und analysieren, was ich bei den Marburger Korporationen beobachtet habe, die mir von Juni 2017 bis Januar 2018 diese Forschung ermöglichten. Meine Ergebnisse können somit nur begrenzt als repräsentativ für die couleurstudentische Szene als Ganzes verstanden werden.

Drei Theorien zu Objekten in Mensch-Ding-Beziehungen

Auf den ersten Blick erscheint das Couleurband mit seiner korporationsübergreifend weitgehend einheitlichen Form und Tragweise bei gleichzeitig unterschiedlicher Farbgestaltung als ein Zeichen. Dem deutschen Ethnologen Hans Peter Hahn zufolge unterliegen Objekte als Bedeutungsträger in einem Zeichensystem einer spezifischen Konzeptualisierung: „der Verwender hat sich etwas bei der Verwendung des Gegenstandes gedacht [sic]", der Gebrauch des Dings geschieht nicht zufällig (Hahn 2014: 115). Da die Hervorbringung der aus dem Objekt zu lesenden Bedeutungen immer an die kulturelle Praxis, an das Handeln ihrer Besitzer*innen gebunden ist (ebd.: 138), sind Objektzeichen mehrdeutig, wobei Widersprü-

---

6   **Zipfel, Zipfelbund**: Zipfel sind in Silber gefasste kurze Stücke Band, die von Korporierten getauscht werden. Der Zipfeltausch ist Ausdruck von besonderer Wertschätzung. Den ersten Zipfel des Zipfelbundes erhält der Fux von seinem auserwählten Mentor, seinem Leibburschen.

7   **Fuxenmappe**: verbindungsinternes Lehrbuch für Neumitglieder, welches das in der Burschenprüfung verlangte Wissen enthält und in den Fuxenstunden verwendet wird.

che nicht ausgeschlossen sind: „Das ‚eigentlich Gemeinte', die Denotation, und das durch die Interpretation oder den Kontext sich Ergebende, die Konnotation, sind untrennbar miteinander verbunden." (ebd.: 122). Ein rein semiotischer Ansatz würde daher in der Objektanalyse zu kurz greifen, weshalb „jede überzeugende Beschreibung materieller Kultur beides miteinander zu verbinden hat: die Bedeutungen und den Umgang mit den Dingen." (ebd.: 128). Aus der Biografie von Objekten erfährt man Hahn zufolge viel über deren Wahrnehmung. Zudem werden: „Dinge und Menschen [...] mit dem Durchleben ihrer jeweils eigenen Lebensgeschichten miteinander ‚zusammengebunden', und die Dinge werden dadurch zu einem Teil der Biographie [sic] von Menschen" (ebd.: 45). Durch Aneignung wiederum werden „abstrakte und anonyme Waren zu Gütern mit subjektiv empfundenen Werten" (Hahn zitiert nach Carrier 2014: 101). Aneignung bezeichnet den Wandel der Beziehung zwischen Ding und Menschen (Hahn 2014: 107), beispielsweise durch Umbenennung, Umfunktionierung oder materielle Umgestaltung, aber auch durch die Änderung oder Erweiterung der Konnotation (ebd.: 103). Der „Eigensinn" der Dinge setzt den Aneignungspraktiken Grenzen (ebd.: 104). Hahn konzipiert die kulturelle Aneignung in einer Makroperspektive in Bezug auf importierte Güter aus unterschiedlichen kulturellen Kontexten. Ich werde zeigen, dass die Aneignung auch für die subjektive Mensch-Ding-Beziehung von Bedeutung ist. Zwar wird das materielle Objekt in dieser Mensch-Ding-Beziehung nicht aus einer anderen Kultur übernommen und im Zuge dessen mit einer neuen Bedeutung versehen, doch es erhält durch die individuelle Inbesitznahme auf subjektiver Ebene eine neue Bedeutung.

Der britische Anthropologe Daniel Miller möchte in seinem Werk „Stuff", wie er, nicht ohne Sarkasmus, schreibt, „entgegen dem gesunden Menschenverstand", die Dichotomie von Objekt und Subjekt aufweichen (Miller 2010: 5). „Culture comes above all from stuff" (ebd.: 54), schreibt Miller. Die Beziehung zwischen Menschen und Objekten materieller Kultur ist Miller zufolge reziprok:

> Before we can make things, we are ourselves grown up and matured in the light of things that come down to us from the previous generations. [...] These unconsciously direct our footsteps, and are the landscapes of our imagination, as well as the cultural environment to which we adapt. Bourdieu called the underlying unconscious order our habitus. (Miller 2010: 53)

Indem er sich des Konzepts des Habitus von Bourdieu bedient, zeigt Miller, wie die Sozialisierung von Menschen in einer Kultur von den materiellen Dingen derselben maßgeblich gestaltet wird, wobei die Dinge ihm zufolge umso wirkmächtiger sind, je weniger sie von den Menschen bewusst wahrgenommen werden (Miller 2010: 53). Materielle Kultur besitzt die bemerkenswerte Eigenschaft, "to fade out of focus and remain peripheral to our vision, and yet determinant of our behavior and identity" (Miller 2010: 51). Daniel Miller bezeichnet die Eigenschaft von Objekten, gerade in ihrer vermeintlichen Banalität das Leben der Menschen zu gestalten, als „the humility of things": "They work by being invisible and unremarked upon, a state they usually achieve by being familiar and taken for granted" (ebd.: 50). Menschen produzieren Dinge, die ihre Bedeutung aus der kulturellen Praxis der Menschen erhalten. Darüber hinaus konstituieren die Dinge als materialisierte kulturelle Konzepte die kulturelle Identität ihrer Menschen (ebd.: 53). Miller bezieht sich in dieser von Bourdieu inspirierten Theorie ausdrücklich auf „das ganze System der Dinge", nicht auf einzelne Objekte (ebd.: 52 f.).

Der britische Sozialanthropologe Alfred Gell schreibt in „Art and Agency": „'objects' merge with 'people' by virtue of the existence of social relations between persons and things, and persons and persons via things." (Gell 1998: 12). Dinge können demnach sowohl Medium menschlicher Beziehungen sein als auch selbst in einer Mensch-Ding-Beziehung existieren. Wie Miller weicht Gell in seiner theoretischen Betrachtung von Artefakten, in seinem Falle Kunstgegenständen, die Oppositionen von Ding und Mensch, von Objekt und Subjekt, von passivem „Patient" (*patient*) und aktivem „Agent" (*agent*) auf. Gell zufolge können Dinge, wie Personen, in bestimmten Kontexten zu aktiv Handelnden werden: „An agent is the source, the origin, of causal events, independently of the state of the physical universe." (ebd.: 16). Agency oder Handlungsmacht ist relational:

> To be an 'agent' one must act with respect to the 'patient'; the patient is the object which is causally affected by the agent's action. […] in any given transaction in which agency is manifested, there is a 'patient' who or which is another 'potential' agent, capable of acting as an agent or being a locus of agency. This 'agent' is momentarily in the 'patient' position. (Gell 1998: 22)

Agency oder Handlungsmacht ist demnach keine ontologische Eigenschaft von Menschen oder Dingen, sondern relational und situativ. Jeder Patient ist ein potentieller Agent. Zwar kann nur ein Mensch die eine Handlung initiierende Intention hervorbringen, doch betrachtet Gell Dinge nicht als zum passiven Status des erleidenden Patienten verdammt: „'patients' intervene in the enchainment of intention, instrument, and result, as 'passive agents', that is, intermediaries between ultimate agents and ultimate patients. […] being a 'patient' may be a form of (derivative) agency" (Gell 1998: 22). Dinge sind, da sie selbst nicht der intentionellen Handlung fähig sind, sekundäre Handelnde, „through which primary agents distribute their agency in the causal milieu, and thus render their agency effective" (ebd.: 20). Als Beispiel führt er den Nexus von Soldat, Landmine und Opfer an (ebd.: 21). Die Waffe agiert in Verlängerung der Intention des Soldaten, der wiederum erst durch sie zum Soldaten wird. Somit konstituiert das Ding in diesem Beispiel die Identität des Menschen und wirkt gleichzeitig als Medium seiner Handlungsmacht (*agency*).

Die nun folgende Ethnographie des Couleurstudententums unter besonderer Berücksichtigung des Couleurbandes soll helfen, die Bedeutungen dieses Objekts im kulturellen Kontext zu erkennen und mithilfe der theoretischen Perspektiven von Hahn, Miller und Gell zu analysieren und zu verstehen.

Die Farben der Verbindungen: das Konzept der „Couleur"

Es ist unmöglich die Bedeutungen des Couleurbandes zu verstehen, ohne das emische Konzept der *Couleur* (frz. *la couleur* – die Farbe) zu begreifen. In Bezug auf die Geschichte und die kulturelle Praxis von Studentenverbindungen spricht man von „Couleurstudententum". Als Couleurgegenstand gilt jedes Objekt, das die Farben oder den Zirkel[8] der Verbindung trägt, von Fahnen, Wappenschilden und Bierkrügen bis hin zu Feuerzeugen und Manschettenknöpfen. Couleurgegenstände können unter den Bünden sowie unter den Mitgliedern eines Bundes gestohlen werden und werden durch das Trinken einer festgelegten Menge Bier zurückerworben, das heißt „ausgepaukt".[9] Während meiner Feldforschung stellte ich fest, dass sich der *Couleur*-Begriff bei älteren Mitgliedern oft auf einen bestimmten Habitus zu beziehen schien, der Korporierte im Idealfall auszeichnen soll. Dieser Habitus beinhaltet den Kleidungsstil, ein höfliches gemäßigtes Auftreten anderer Menschen gegenüber, ein Bewusstsein für Etikette und eine gemäßigte politische Einstellung. Vor allem jüngere Mitglieder bezeichneten hingegen in erster Linie die materiellen Objekte als *Couleur*. Der Couleurgegenstand, mit dem ein Mitglied einer farbentragenden Verbindung am häufigsten persönlichen Kontakt hat, ist das Band. Mit dem Band trägt der/die Korporierte die Farben seiner/ihrer Verbindung am Körper mit sich.

Die Biografie von Band und Bursch

Da ich in Männerbünden geforscht habe, verwende ich im Folgenden wenn ich mich auf die Mitglieder beziehe nur die männliche Form. Für gewöhnlich kauft eine farbentragende Verbindung das Band als Meterware. Wird ein Student aktiv, wird von der Rolle anonymen Seidenbandes ein Stück abgeschnitten. Der Student

---

8   **Zirkel**: gezeichnete Kombination aus mehreren Buchstaben; als Signatur verwendet.

9   **Auspauken**: „pauken" bezeichnet ursprünglich das Fechttraining mit stumpfen Klingen. Couleurgegenstände werden durch Trinken einer festgelegten Menge Bier (zurück-) erworben; bei Erwerb persönlicher Couleurgegenstände, Zipfeltausch und traditionellem Couleur-Diebstahl.

erhält spätestens nach seiner offiziellen „Reception" oder „Admission" als Fux sein Fuxenband. Das Band wird über der rechten Schulter um die Brust getragen und unter dem linken Arm auf Höhe der Taille zusammengehalten. Jedes Band wird vor der Übergabe ausgepaukt, „auch persönliches Couleur paukst du ja aus wenn du es bekommst. Also mein Burschenband, mein Fuxenband, meinen Bandknopf, mein Feuerzeug, hab ich alles ausgepaukt"[10] (Jonas, 10/13-15). Ein Burschenschafter erzählte mir, er habe mit sich selbst vereinbart, für jedes Band, das er aufnehme oder ablege, eine scharfe Partie zu fechten, auch wenn dies nicht von ihm verlangt werde (persönliche Mitteilung 07.06.2018). Die Schaumburgia legt dem neuen Mitglied sein Fuxenband dem gemeinsam gesungenen Fuxenlied, in dem es heißt: „drückten auf den Kopf die Mütz' mir, schlangen um die Brust das Band" entsprechend an. Nach seiner ersten Fechtpartie erhält der Schaumburger Fux statt des Bierflaschenverschlusses einen metallenen Bandknopf mit persönlicher Gravur, zumeist von seinem Leibbursch[11]. Die Thuringia sieht den Bandknopf als Geschenk der Leibfamilie zum ersten Geburtstag nach der Burschung vor. Nach bestandener Burschenprüfung[12] wird bei den meisten Verbindungen das zweifarbige Fuxenband durch das dreifarbige Burschenband ersetzt:

> auf der Kneipe[13] oder dem Kommers, wo du geburscht wirst, wird dir das erst mal über den Anzug gelegt und das musst du bis zwölf Uhr nachts über dem Jackett tragen. Danach gehst du zum Fuxmajor, trinkst vor ihm eine Maß, wo das Band reingeworfen wird, dann wird das Band ein bisschen trocken. Und danach darfst du das erst richtig anziehen, unter dem Jackett. (Andi, 6/10-15)

> bei der Receptionskneipe, da gibst du dein Burschenband erst mal wieder ab, kriegst dein Fuxenband wieder, setzt dich in den Fuxenstall, paukst dich da aus. Gibst dein Fuxenband ab, hast dann gar kein Band, sitzt im Neutrum. […] gehst dann in den Burschensalon und paukst dich da quasi als

---

10 Die Aussagen meiner korporierten Interviewpartner sind den Transkripten der narrativen Interviews entnommen und, zu Gunsten der besseren Lesbarkeit, geringfügig bereinigt worden.

11 **Leibverhältnis**: auch Bierfamilie. Der Fux wählt sich einen Mentor, den Leibbursch/ Biervater. Die sich daraus über mehrere Aktivengenerationen hinweg ergebenden Genealogien sind die Leibfamilien.

12 **Burschenprüfung**: Wissensfragen zur Geschichte der Studentenverbindungen, der Stadt, des Landes und zum eigenen Bund, des Weiteren Comment-Fragen (unter Comment versteht man die geschriebenen und ungeschriebenen Verhaltensnormen einer Studentenverbindung) und die Daten und Farben der Marburger Bünde.

13 **Kneipe/ Kommers**: nach den überlieferten Regeln des „Comments" der Verbindung ablaufende Feierlichkeit, bei der das studentische Brauchtum gepflegt und Studentenlieder gesungen werden. Die Anwesenden sitzen je nach Status im sog. „Fuxenstall" oder „Burschensalon" der Tafel, diese Trennung wird bei der Thuringia nicht mehr praktiziert.

Bursch wieder ein und kriegst dein Burschenband wieder. (Tobi, 19/7-12)

Unter Korporierten ist es verbreitet, bei der eigenen Hochzeit Band zu tragen. Nach 100 Couleursemestern ist es Brauch, ein Band mit dem Schriftzug „100 Semester" besticken zu lassen. Verschiedene Korporierte erzählten mir, dass es zudem üblich ist, einem verstorbenen Korporierten sein Band in den Sarg zu legen:

> ich meine, macht ja schon Sinn, ne, wenn man da von Lebensbund[14] spricht und man davon ausgeht, dass die Mitgliedschaft erst mit dem Tod endet. [lacht] gerade wenn man an ein Weiterleben im Himmel glaubt als katholischer Bund, warum sollte man ihm das Band dann nicht auch noch mitgeben? (Andi, 13/11-15)

Mitglieder der Thuringia dürfen ihr Band behalten, wenn sie aus der Verbindung austreten oder ausgestoßen werden, das Recht, es zu tragen, hat man dann jedoch verwirkt.

Kommunikation im korporierten Kosmos

Die Farben der Couleurbänder haben historische oder geografische Bezüge oder verweisen auf die Prinzipien des Bundes. So steht das Rot-Weiß des Marburger Thüringer-Bandes für das Land Hessen und das Weiß-Rot für das Land Thüringen (Homepage der Thuringia), während die bundeseigene „Farbenstrophe" die Farben mit abstrakten Werten verknüpft: „rot die Freundschaft, rot die Liebe, weiß der Ehre glänzend Bild", singt man bei der Thuringia. Diesen Symbolgehalt kennen jedoch in der Regel nur Mitglieder des Bundes. Eine geläufige emische Bezeichnung ist „Strippe". Mensuren[15] werden „auf das Band" einer jeweiligen Verbindung gefochten. Oft steht das Band in Redewendungen für den Bund als solchen: „das erste Band ist und bleibt, egal wie viele Strippen du um die Brust hast, bleibt das immer der Mutterbund" (Mattes, 3/43 - 4/1). „Das Band aufnehmen" bedeutet, aktiv werden, also dem Bund beitreten, austreten heißt: „das Band niederlegen". Selbst wenn man nicht verpflichtet ist, es abzugeben, kann man seinen Entschluss nachdrücklich mit dem Band kommunizieren: „und irgendwann ging's mir halt soweit gegen den Strich, dass ich gesagt habe, jetzt lasst mich einfach in Ruhe, hier habt ihr die Strippe" (Mattes, 4/27-28).

---

14 **Lebensbund:** Die studierende Aktivitas profitiert von der finanziellen Unterstützung der Alten Herren, die ihrerseits von den von der Aktivitas im Semesterprogramm organisierten Veranstaltungen profitieren, zu denen sie eingeladen werden. Alte Herren zahlen der Idee nach rückwirkend für die Vorteile, die sie als Studierende genossen haben. Freundschaften und Netzwerk sind auch Folge des Lebensbundes.

15 **Mensur:** beim Akademischen Fechten eine Partie mit scharfen Klingen.

Die Kommunikation des Korporiertseins ist den älteren Korporierten, mit denen ich gesprochen habe, wichtiger als den jungen. So erklärt mir Clemens, ein Thüringer, dass das Band, welches früher, da Akademikern vorbehalten, ein gesellschaftliches Statussymbol war, ihn heute als Angehörigen einer Minderheit auszeichne. Er sei stolz, dieser anzugehören und Traditionen zu bewahren und zeige das mit seinem Band (Feldnotiz 14.11.2017). Dasselbe erklärt sein Bundesbruder Micha (Micha, 10/36-39) und Mattes sagt, das Couleurstudententum an sich sei ihm wichtiger als die spezifischen Farben, die er nun trage (Mattes, 5/35-38). Andi, einer der jüngeren Aktiven der Thuringia, wusste bevor er sich seinem Bund anschloss, „ich will 'ne Strippe tragen" (Andi, 1/29): „wenn man sich dann ja schon irgendwie vom Rest der Gesellschaft, nenn ich es jetzt mal, abkapselt, so teilweise, dann würd ich das auch so mit einem Band zeigen, wo in dieser kleinen Parallelwelt ich hingehöre" (Andi, 2/39-41).

Man erzählte mir auch bei mehreren Gelegenheiten, dass es Frauen gebe, die „auf Band stehen", weshalb man auf Verbindungspartys als farbentragender Korporierter im Vorteil sei. Tobi schätzt besonders das spontane Erlebnis von Zugehörigkeit, welches ihm das Bandtragen auch außerhalb Marburgs ermöglicht, weshalb er es sogar mit in den Urlaub nimmt. Er erzählt:

> Wenn du da mal zu zweit sitzt, mit Band, kommt auf einmal ein Dritter an und sagt, entschuldigen Sie, sind Sie korporiert? Jo und auf einmal hast du da so eine Clique am Start, irgendein Sechzigjähriger, irgendein Achtzehnjähriger und ein Dreiundzwanzigjähriger, die sich da einen rein saufen und darüber unterhalten, dass sie alle in Verbindungen sind. (Tobi, 15/43 – 16/3)

Innerhalb der Szene ist Bandtragen Teil der Etikette, „weil es zum guten Ton gehört. Das ist ja genauso wie, du gehst nicht ohne Kragen bummeln[16]" (Jonas, 12/31-32). Jedem Bund eilt sein Ruf in der lokalen Szene voraus. Burschen der Burschenschaft Rheinfranken gehen bisweilen ohne Band bummeln, da die Verbindung in Marburg in dem Ruf steht, völkische und rechtsradikale Ideen zu fördern, weshalb sie, wie auch die anderen beiden Burschenschaften des Dachverbandes[17] Deutsche Burschenschaft, bei den meisten anderen Verbindungen Hausverbot hat (Feldnotiz u. a. 30.11.2017). Jonas sagt: „Natürlich gibt es Situationen, da bin ich sehr dankbar dafür, dass andere ein Band anhaben, weil ich dann sofort sehe, folgendermaßen, du bist von dem und dem Verein" (Jonas, 13/37-39).

---

16 **Bummeln**: von Haus zu Haus ziehen, um mit Korporierten anderer Verbindungen Bier zu trinken.

17 **Dachverband**: die meisten Studentenverbindungen sind in Verbänden mit gemeinsamen Prinzipien organisiert.

Wer das Band trägt, tritt als Vertreter seines Bundes auf. Aus diesem Grund ergeht nach dem Austritt eines Mitglieds ein Brief an die anderen Verbindungen mit der Erklärung, dass der Ausgetretene fortan keine Berechtigung hat, die Farben des Bundes zu führen. Auch der Status des Einzelnen wird mit dem Band kommuniziert, denn ein etwaiges Fehlverhalten wird einem Fux bei schlagenden Bünden eher verziehen als einem Bursch, von dem erwartet wird, dass er für sein Verhalten gegebenenfalls auf dem Fechtboden einstehen möchte[18]. Bei der nichtschlagenden Thuringia ist der Fux vor allem ein Mitglied auf Probe, weshalb seine Fehltritte eher sanktioniert werden als die eines Burschen. Die Thuringia sieht kein Fuxenband für ihre Mitglieder vor:

> Ich glaube der Kritikpunkt war, den Fuxen nochmal so als Fux darzustellen und genau das möchte ich ja doch, weil ich möchte doch genau diese Hierarchie darstellen: das sind Burschen, das sind Füxe. Du verdienst und erarbeitest dir deine dritte Farbe doch als Bursch. (Micha, 11/1-3)

Bei schlagenden Verbindungen kann auch die Fechterfahrung des Trägers kommuniziert werden. In Marburg erhalten Füxe den Bandknopf nach ihrer ersten Partie. Außerdem können Bandschieber aus Metall auf das Band gezogen werden, die jene auszeichnen, die eine PP (Fechtfolge)[19] gefochten haben. Auch Chargenämter[20] werden vielerorts mit Bändern kommuniziert. Der amtierende Fuxmajor trägt das Fuxenband über Kreuz mit seinem Burschenband, während der amtierende Senior[21] in manchen Verbindungen sogenannte Traditionsbänder von im eigenen Bund aufgegangen Bünden trägt. Beim Tod eines Bundesbruders kann das eigene Band mit einem Trauerflor bedeckt werden.

Der Umgang mit dem Band im Alltag

Der Bursch eines farbentragenden Bundes trägt sein Band wann immer er sich in couleurstudentischen Kreisen bewegt, sei es auf Kneipen oder Mensur, bei der Paukstunde oder beim Bummeln, jedoch nur, wenn er angemessen gekleidet ist:

---

18 **Persönliche Contrahage** (**PC**): Burschen schlagender Bünde können einander „fordern", um miteinander zu fechten. Ehrenhändel sind verboten, eine Forderung kann abgelehnt oder zurückgezogen werden. Der Leibbursch ficht stellvertretend für seinen Leibfux.

19 **Fechtfolge**: auch **PP** (pro patria suite), zwei Bünde messen sich in gleichstarken Teams im Fechten.

20 **Charge**: Amt innerhalb der Verbindung, dessen Inhaber für die Dauer eines Semesters gewählt wird; zumeist Senior, Consenior/Fechtwart, Fuxmajor, Kassenwart und Schriftwart; Reihenfolge und Gewichtung variiert bei schlagenden und nichtschlagenden Verbindungen.

21 **Senior**: höchste Charge, Vorsitzender und Sprecher der Verbindung.

Naja grundsätzlich betrittst du kein anderes Verbindungshaus, ohne... bist du nicht couleurfähig, sagen wir mal so, bist du nicht couleurfähig ohne Kragen, Stoffhose und Lederschuhe. […] anders pflege ich keinen korporativen Umgang. (Jonas, 11/6-9)

Nicht alle Aktiven, die „auf dem Verbindungshaus" wohnen, tragen in ihrer Freizeit ausschließlich Hemden und Poloshirts. So kommt es vor, dass Mitglieder ohne Band dabei sitzen, denn: „bei uns ist Regel, […] Couleur an heißt Kragenpflicht. Wer das Band oder wer Zipfel trägt, hat einen Kragen zu tragen" (Micha, 9/20-21). In der Stadt oder in der Universität trägt niemand Band. Veranstaltungen wie die Fronleichnamsprozession der Marburger Kirchengemeinden (Abb. 4) bilden eine Ausnahme (Feldnotiz 15.06.2017). Bei einem Rundgang durch das Verbindungsviertel zusammen mit zwei Korporierten fiel auf, dass beide ihr Band an bestimmten Stellen anzogen oder einsteckten. Später erklärte Andi: „das ist ja quasi so der Punkt wo unser Mikrokosmos endet" (Andi, 9/3-4). Bei dem alljährlich stattfindenden, von der Fachschaft der Politikwissenschaften organisierten „antikorporierten Stadtrundgang", der von Verbindungsgegnern und Korporierten gleichermaßen besucht wird, wolle er das Band jedoch auf keinen Fall tragen. Man sehe schließlich auch an seinem Kleidungsstil, dass er korporiert sei und er habe keine Lust, sich das Band abreißen zu lassen (Feldnotiz 21.06.2017). Wann immer ich ein Verbindungshaus einer farbentragenden Verbindung gemeinsam mit einem Mitglied betrat, zog sich dieses innerhalb kurzer Zeit das Band an. Mattes sagt auf meine Nachfrage hin:

> das gehört für mich zum Couleurstudententum dann auch irgendwo dazu, weil es Teil der Etikette ist, die ich mir bei jedem wünsche, der sich so einer konservativen Szene anschließt. Letzten Endes ist das Tragen der Farben oder das Respektieren der Farben der anderen eine Geste des Respekts. (Mattes, 7/7-10)

Die Tradition des Couleur-Diebstahls erstreckt sich auch auf das Band als persönlichen Couleurgegenstand: „Kriegt jetzt ein Bundesbruder sein Band gemopst, weil er es irgendwo liegen gelassen hat, klar kann ich das für den auspauken. Sicherlich. Aber- dann muss er es bei mir auspauken [lacht]" (Micha, 3/32-34). Micha fügt in diesem Zusammenhang einen weiteren Aspekt des Umgangs mit dem Band hinzu, indem er klarstellt: „Couleur wird in dem Sinne jetzt nicht einfach... betatscht" (Micha, 4/2). Viele Korporierte lassen ihr Band nicht gern von anderen berühren (vgl. Abb. 7); bei schlagenden Korporierten kann dies sogar Grund für eine Forderung zu einer „Persönlichen Contrahage" im Fechten sein. Tobi begründet das damit, dass ihn Nichtkorporierte einmal bei einer Schlägerei am Band gezogen haben (Tobi, 18/18-22). Um die Brust befinde es sich außerdem an einer sensiblen Stelle des Körpers. Andi gibt an, er könne es nicht erklären, doch es würde ihn ärgern, würde jemand sein Band anfassen. Eine Ausnahme besteht bei manchen Bünden im Leibverhältnis: der Leibbursch kann das Band seines Leibfuxen einfordern und es ihn auspauken lassen.

Korporierte, die auf Grund von Mehrfachmitgliedschaften oder Chargen mehrere Bänder tragen, tragen das Burschenband ihres ersten Bundes stets zuunterst: Es sei so näher am Herzen und somit relevanter (pers. Mitteilung Daniel, 07.01.2018). Je mehr Couleursemester der Bursch zählt, desto mehr Flecken zeichnen auch sein Band. Auf meine Frage, was man beim Umgang mit dem Band beachten müsse, antwortet Micha:

> Bitte nicht waschen. Mir schon einmal passiert. Frevel. […] Ich rechne ja nicht in Monaten und Jahren sondern ich hoffe in Jahrzehnten. So, und wenn Gott mich lieb hat, werde ich hoffentlich noch in fünfzig Jahren hier sitzen können und das, das bleibt, wie es ist. (Micha, 5/15-20)

Tobi sagt: „ich würd das niemals wegwerfen oder so oder irgendwie wem anders geben" (Tobi, 18/11-13). Tobi besitzt zu Hause eine Couleur-Ecke, in der er Wappengläser, Couleurobjekte seines Großvaters und Bücher aufbewahrt. Viele meiner Gesprächspartner haben in der eigenen Wohnung einen festen Ort für das Band, einen Haken an der Wand oder eine Schublade am Schreibtisch (Abb. 3). Meine jüngeren Gesprächspartner gaben an, das Band grundsätzlich immer dabei zu haben, in der Jackentasche oder in der Hosentasche, um jederzeit auf Häuser gehen zu können. Auf die Frage, ob sie mehrere Bänder besäßen, reagierten meine nicht-schlagenden Gesprächspartner belustigt: „ich hab kein Ersatzband wo ich sage, für Kneipen, für Sonntage und für mittwochabends einen Saufen gehen, nee. Das ist mein Band" (Micha, 7/5-7). Für schlagende Verbindungen gibt es allerdings eine Ausnahme:

> Seit ich mal angemault wurde auf einer Beerdigung, dass ich bitte nicht mit einem blutverschmierten Band da auftauche, das war zwei Wochen nach meiner Partie, oder drei. Hatte mir dann mal ein Sauberes abgeschnitten, eben für solche Anlässe. (Tobi, 15/9-12)

Der alltägliche Umgang mit dem eigenen Band unterliegt den Regeln der Etikette, beziehungsweise dem bundesspezifischen „Comment"[22].

---

22 **Comment**: die geschriebenen und ungeschriebenen Verhaltensnormen einer Studentenverbindung, spezifisch z. B. Allgemeiner Comment, Gesellschaftscomment, Farbencomment, Chargiercomment, Kneipcomment, Biercomment, Paukcomment und Trauercomment.

Kollektive Mensch-Ding-Beziehungen

Objekte materieller Kultur haben kulturelle Bedeutung und subjektive Bedeutung. „Kein Band hält so fest wie dieses", soll Bismarck laut meinem Gesprächspartner gesagt haben. Auch die Fuxenmappe der Schaumburgia verweist auf das „Band der Freundschaft". Die Präsenz des Couleurbandes in der Alltagssprache von Korporierten lässt seinen konventionell etablierten hohen Symbolgehalt erahnen. Es kommuniziert gleichermaßen Zugehörigkeit zu einem Kosmos und zu einem bestimmten Bund darin, wie auch Abgrenzung von der nichtkorporierten Welt. Tatsächlich ist die Bandfrage bei den Dachverbänden CV (farbentragend) und KV (farbenführend) ein politisches Thema, welches in den 60er Jahren des 19. Jahrhunderts den Versuch eines Zusammenschlusses der beiden Verbände scheitern ließ (Fuxenmappe der Thuringia, Seite 7). Die Abgrenzung vom „Rest der Gesellschaft" ist der Grund, aus dem der KV im Gegensatz zum CV farbenführend ist, man betone damit „ein demokratisch-republikanisches Verständnis der Gesellschaft, in der keine Gruppe, auch nicht äußerlich, hervorgehoben werden sollte" (Homepage des KV). Die Marburger Thuringia gehört zu einer Strömung von Bünden im offiziell farbenführenden KV, die es ihren Mitgliedern freistellt, Band zu tragen. Die meisten Aktiven machen von dem Recht Gebrauch, denn „ganz ehrlich, wer tritt denn jetzt so einer Gemeinschaft bei und will dann nicht auch irgendwo eins haben" (Andi, 10/8-9). Grund dafür ist zum Teil die Wahrnehmung durch andere Korporationen:

> Also ich will jetzt nicht sagen, man fühlt sich so ein bisschen als Korpo zweiter Klasse, aber es gibt wirklich extrem viele andere Verbindungen, die zum Beispiel sagen: du trägst kein Band, du bist nichtschlagend, sei froh dass ich überhaupt mit dir rede. (Tobi, 14/16-19)

Mit dem farbigen Band bekennt der Träger seine Zugehörigkeit zu einem spezifischen Bund, sowohl innerhalb desselben, als auch in Momenten interkorporativen Kontaktes. Nach innen kommuniziert das Bandtragen das Zusammengehörigkeitsgefühl in der Community:

> Für mich ist das einfach irgendwo eine Identifikation mit dem eigenen Bund. Dass ich sage, ich hab da irgendwann meinen Eid drauf geschworen, hier ein Leben lang die Treue zu halten. [...] Ja und irgendwie, find ich, repräsentiert man diesen Burscheneid auch mit seinem rot-weiß-roten Band. (Andi, 5/2-6)

Auf dem Haus der Schaumburgia fotografierte meine Kollegin gerade einen Prunkschläger[23], als ein Bursch sie fragte, ob sie nicht ein Bild von seinem Band

---

23 **Schläger**: Hiebwaffe, die beim akademischen Fechten verwendet wird. Zur repräsen-

machen wolle, welches er um den Schläger winden wolle. Die Initiative wurde umgesetzt (s. Abb. 5 und 6) und er fand das Foto „romantisch", man könne es gut für die Homepage der Verbindung nutzen (Feldnotiz 22.09.2017).

In interkorporativen Situationen wie dem Bummeln determiniert das Band die Interaktion schon vor jeglicher verbaler Kommunikation, denn es kennzeichnet eine Person als Vertreter einer bestimmten Korporation und kann darüber hinaus gegebenenfalls Auskunft über ihre couleurstudentische Erfahrung (Status, Couleuralter, Chargen, Mensuren, Mehrfachmitgliedschaften) geben. Bandtragen erleichtert somit die Interaktion der Korporierten, denn die Identifizierung des Gegenübers geht, im Sinne des „symbolischen Interaktionismus"[24], mit Erwartungen an dessen Verhalten und dessen Erwartungen an das eigene Verhalten einher, was dem Subjekt dabei hilft, sich so zu verhalten, wie es die Situation erfordert: Freundlich, höflich distanziert, vorsichtig oder provozierend.[25] Farbenführenden Bünden, die zwar Zipfel, aber keine Bänder tragen, fehlt innerhalb der Szene ein deutlich sichtbares Kommunikationsmittel.

Meine Gesprächspartner reagierten oft mit Unverständnis, wenn ich ihnen mein allgemeines Interesse für das Band artikulierte, da es ihnen bei der Fülle an möglichen Forschungsfragen (Brauchtum, Konflikte mit der Antifa, Vorurteile, politischer Extremismus etc.) ziemlich uninteressant erschien. Jonas spricht für viele der Korporierten, indem er sagt: „im normalen Alltag so, also ich komme ja normal auch so aufs Haus und trage dann ein Band. Warum ich das so mache… finde ich echt schwer zu begründen" (Jonas, 13/39-41). Das Bandtragen ist eine internalisierte Norm, die Präsenz der Bänder wird im Alltag nicht hinterfragt. Das Band besitzt die von Daniel Miller beschriebene „bescheidene" Macht, aus dem Blick zu verschwinden und zugleich das Verhalten und die Identität der Menschen, in seiner Gegenwart zu determinieren (Miller 2010: 51). Es beeinflusst das Verhalten seines Trägers, der als Stellvertreter seiner Verbindung der „couleurfähig" auftreten muss. Das Band ist Symbol eines Habitus, den es zugleich reproduziert: Der Fux trägt

---

tativen Uniform und auf Kneipen wird ein stumpfer Prunkschläger in Verbindungsfarben verwendet.

24   Symbolischer Interaktionismus: nach George Herbert Mead 1967. Menschen leben in einer physischen und in einer symbolischen Umwelt, letztere wird von ihnen in der Interaktion geformt. Das Erlernen der Symbole ist die Sozialisierung. Kultur besteht aus gemeinsamen geteilten Symbolen, aus denen ihre Mitglieder Bedeutungen konstruieren. Das Verhalten eines Akteurs ist nicht Reaktion auf die Situation sondern auf seine Interpretation der Situation. Das konventionell korrekte Einschätzen einer Situation wird als framing bezeichnet.

25   **Paulen**: auch knattern; gegens. verbale Provokation mit dem Ziel der Forderung zu Bier- oder Fechtduell.

Kragen, um das Band tragen zu dürfen, und somit seine noch frische Zugehörigkeit zum Bund sichtbar zu machen. Das Bandtragen als Teil der Couleuretikette hat in seiner unhinterfragten Omnipräsenz die Internalisierung jener Konzepte zur Folge, die das Couleurstudententum auszeichnen sollen: Die exklusive Gemeinschaft, die lebenslange Freundschaft, der konservative Habitus, das Praktizieren des überlieferten „studentischen Brauchtums".

In dieser Funktion als reproduzierendes Habitus-Symbol erscheint das Band als passiver *Agent* nach Alfred Gell (Gell 1998: 22). Das Band agiert zwar nicht auf Grund einer Intention, die es als materielles Ding nicht besitzen kann, wohl aber als sekundärer Handelnder. Es wirkt als Medium der Handlungsmacht des Fuxmajors, als Erzieher für den Fuxen, der das Bandtragen mit dem entsprechenden Habitus zu verknüpfen lernt, oder der Gemeinschaft der Bundesbrüder, die gemeinsam auf ein allseitiges, dem Wohl des Bundes zuträgliches Verhalten achten sollen. Das Band macht den Einzelnen zum Korporierten und zum Repräsentanten. Das Band um die Brust eines Fremden motiviert andere Korporierte, ihm mit Respekt oder Distanz zu begegnen oder mit spontaner Sympathie, wenn er fern jedes couleurstudentischen Kontexts als Korporierter identifiziert wird. Genauso schnell kann das Tragen eines Bandes offene Feindseligkeit provozieren, auf Grund von Konnotationen, die weder in der Intention der Hersteller des Bandes, noch der Träger ihren Ursprung haben. In Marburg, wie in anderen deutschen Universitätsstädten, ist das Couleurband bei vielen Nichtkorporierten mit völkischen, patriarchalen oder antidemokratischen Ideen konnotiert. Die Wirkung des Bandes entzieht sich an dieser Stelle der Einflussnahme seines Besitzers, es hat einen Eigensinn entwickelt, der die Handlungsmacht seines Besitzers einschränkt, denn er kann es in Marburg kaum tragen ohne zu provozieren. So besitzt das Band in der Mensch-Ding-Beziehung eine passive Handlungsmacht.

Subjektive Mensch-Ding-Beziehungen

Das Couleurband mag ein kulturelles Zeichen von symbolischer Bedeutung sein, doch jeder Korporierte besitzt auch sein individuelles Band. Dem „couleurstudentischen Brauchtum" nach, ist die Biografie des Bandes mit der seines Trägers verbunden. Von dem Moment der Entscheidung, in einer Verbindung aktiv zu werden und damit einen Lebensbund einzugehen, über die Akzeptanz der Gruppe mit dem Übergang vom Fux zum Burschen (Kooptation), gegebenenfalls existierende Momente äußerster Selbstüberwindung auf Mensur, bis hin zu Hochzeiten und Beerdigungen wird der Bursch von seinem Band begleitet, letztlich auch in den Sarg. Die Beziehung zwischen dem Burschen und seinem Band ist, wie die der Verbindungsmitglieder untereinander, idealerweise ein Lebensbund. Zwar ist das Band ein Objektzeichen, doch für den Einzelnen ist es keineswegs austausch-bar, „jeder erkennt sein Band" (Tobi, 17/42-43). Dies wird auch an der teilweise bewussten Platzierung des Bandes in der eigenen Wohnung deutlich. Ein wichtiger Moment in der Beziehung von Band und Bursch ist der Moment der Aneignung (vgl. Hahn), welche sich in der Praxis durch das Auspauken vollzieht. Der Kor-porierte paukt sein Band aus, wenn er es erstmals bekommt und auch, wenn er es nach dem Couleurdiebstahl zurückerobert. Der individuellen materiellen Um-gestaltung des Couleurbandes sind ob seiner Funktion als konventionelles Kom-munikationsmedium Grenzen gesetzt. Die persönliche Gravur und Widmung auf Bandknopf und Schieber, sowie Verschleißspuren und Flecken individuali-sieren das Band jedoch und machen es zu einem repräsentativen Erinnerungs-objekt: „Der Bandknopf wäre mir wichtiger. Weil das ist wirklich was, was ich mit einem guten Freund getauscht habe. Mit Gravur, Widmung drauf und verbeult und schon kaputt und alles." (Micha, 6/24-26). Zuweilen konnte ich eine gewisse Identifikation des Trägers mit seinem Band bemerken, die sich kaum mit den drei von mir verwendeten Theorien erklären lässt. Viele der Burschen lassen ihr Band nur ungern von anderen berühren. Um das Band, wie um das sonstige persönliche Couleur wie Zipfel und Mütze, existiert eine Art „Intimsphäre" (vgl. Abb. 6).

Ich konnte beobachten, dass mit Couleurgegenständen meist sorgfältig umgegan-gen wird. Auch die Auflage des Convents der Thuringia, das der Ethnographischen Sammlung gespendete Couleurband „nicht zu schänden", lässt erkennen, dass es sich nicht um profane Gegenstände handelt. Das Band gibt dem Träger ein Gefühl von Selbstbestätigung, welches sich mitunter im Alltag bewährt. Er definiert sich als Teil einer exklusiven Gemeinschaft: „ich trage es ja nicht ohne einen gewissen Stolz […] meine Zugehörigkeit zu einer Gemeinschaft, genau. So ein bisschen was fürs Ego" (Jonas, 14/6-7). Das Tragen des dreifarbigen Burschenbandes ist, auf-grund der damit einhergehenden Pflicht der Repräsentation, die bei Füxen noch relativ tolerant gehandhabt wird, ein Recht, das man sich erwerben und erhalten muss. Eine vom Convent verhängte Sanktion ist die Dimission, während der es dem Korporierten untersagt ist, Couleur zu tragen, was ihn gleichsam von kor-porativen Aktivitäten ausschließt. Nicht nur Zugehörigkeit wird durch das Band sichtbar, besonders für die Jungen wirkt es auch identitätsstiftend, schließlich ist das Tragen des Bandes ein exklusives Recht der Mitglieder einer Verbindung. Mi-cha, als Alter Herr[26], überlegt: „Vielleicht war ich vor ein paar Jahren stolzer darauf.

---

26 **Alter Herr** (**AH**): Verbindungen basieren auf zwei Säulen, Aktivitas (Füxe, aktive und inaktiven Burschen) und Altherrenschaft. AH sind Burschen ohne Anwesenheitspflicht, zahlen Mitgliedsbeitrag.

Oder stolz bin ich immer noch, ja, froh, stolz sicher. Aber vielleicht war es da, war es mir, ja, frischer" (Micha, 8/1-2).

Das Band kann auch Ausdruck einer situativen Identität seines Trägers sein, es macht ihn im jeweiligen gesellschaftlichen Kontext zu dem was er ist, wie Micha schildert:

> Wer bin ich denn wann? Jetzt bin ich eine Privatperson, gestern Abend war ich [Sportler] oder Fußballfan. [...] Ich bin [regionale Herkunft]. Ich bin jetzt Verbindungsstudent und auf dem Haus bin ich aktiver Verbindungsstudent weil ich mein Band anhabe. Wann bin ich was, ja. (Micha, 9/34-37)

Das eigene Band begleitet den Menschen über Jahre und Jahrzehnte, es ist zugleich funktional in seiner Eigenschaft als Bedeutungsträger in der nichtsprachlichen Kommunikation, als auch von emotionaler Bedeutung für seinen Besitzer durch die geteilte Biografie. Dennoch scheint das Band besonders für die Älteren primär von semiotischer Relevanz zu sein, während die Jüngeren eine stärkere Beziehung zu ihrem eigenen Band entwickeln, was mit meiner Beobachtung zur Definition des „Couleur"-Begriffs korreliert. So sagt Micha:

> Ein Band ist immer nur, so ideell persönlich für mich ist ein Stück Stoff. […] Das Band ist mir sehr wichtig, aber das ist das unwichtigste, wenn das wegkommen würde oder kaputt gehen würde. Würd ich sagen, gut, ich brauche einen Meter zehn, einen Meter zwanzig Band und dann ist alles wieder gut. (Micha, 6/23-30)

Man geht mit dem Band respektvoll um und beschützt es, schließlich ist es nicht nur persönliches Eigentum und Erinnerungsstück, es repräsentiert den Bund, dem man angehört.

Konklusion

Das Couleurband ist ein alltägliches, jedoch kein profanes Objekt. Für einen Korporierten ist das Band um die Brust anderer Korporierter ein Zeichen, das ihm helfen kann, sein Gegenüber zu erkennen und einzuschätzen. Doch für einen farbentragenden Korporierten ist das Band um die eigene Brust auch ein Objekt, welches ihn sein Leben lang begleitet. Somit ist das Band ein Symbol und als solches austauschbar, solange die Farben dieselben bleiben, das eigene Band ist jedoch von subjektiver Bedeutung. In der alltäglichen sozialen Interaktion zwischen Fremden verschwimmt die Grenze zwischen Band und Träger. Scheint der Mensch, ob korporiert oder nicht, in den hier beschriebenen Situationen nicht viel mehr mit Band zu interagieren als mit dem Menschen, der es trägt? Was er über sein Gegenüber weiß, und was ihn die Situation interpretieren und sein Handeln dementsprechend ausrichten lässt, wird ihm durch das Band kommuniziert. Das

Band erhält seine Bedeutungen aus der kulturellen Praxis heraus. Insofern trifft zu, was Miller schreibt: Menschen und Dinge machen einander (Miller 2010: 42). Das Couleurband präsentiert sich als eines dieser banalen Dinge, die in ihrer Allgegenwart kulturstiftend wirken. Entsprechend Millers Theorie der „humility of things" trägt es maßgeblich zur Sozialisierung des Fuxes oder Burschen bei, denn er trägt es immer bei sich. Zum einen geschieht dies durch die Norm der Couleurfähigkeit, die den Habitus und das Tragen des Bandes miteinander verknüpft. Zum anderen wird durch das Band, welches der Korporierte um die eigene, wie auch um die Brust der anderen wahrnimmt, das abstrakte Konzept des Lebensbundes allgegenwärtig gemacht und so internalisiert. Obwohl der heutige Verwender das Band zumeist aus Gewohnheit trägt weil es Teil der Etikette ist, liegt dem Couleurband doch eine jahrzehntealte kollektive Konzeptualisierung zugrunde. Das Konzept, welches mir im couleurstudentischen Feld immer am präsentesten war, ist die generationenübergreifende, Zeit und Raum überbrückende Gemeinschaft. Das Couleurband tritt als zentrales Alltagsobjekt gleichsam als Materialisation dieses Konzeptes auf. Dem gegenüber entfaltet die negative Konnotation des Bandes in Marburg eine starke Wirkung. In der Interaktion macht das Band den Korporierten zum Bundesbruder, zum Fux, zum Fuxmajor oder zum „Burschi", dem von Menschen, die das Korporationsstudententum ablehnen, mit Verachtung begegnet wird. Wahrscheinlich werden farbenführende Bünde von manchen farbentragenden Korporierten nicht als gleichwertig wahrgenommen, weil ihnen dieses Kommunikationsmittel fehlt. Feldforschung bei farbenführenden Korporierten könnte weiterführende Erkenntnisse über das Band bringen. Auch meine Beobachtung, dass sich die Definition von „Couleur" zwischen den Generationen unterscheidet und von rein materieller Kultur bis zu einer holistischen Habitusidee reicht, würde ich gern weiter verfolgen. Die Objektidentität eines Couleurbandes ist, wie die menschliche Identität, situativ und kontextgebunden. Es ist in manchen Situationen Agent und in anderen Patient. Es ist Medium von Handlungsmacht, Zeichen in der Kommunikation, Teil des Egos bis hin zur Identifikation. Das Couleurband ist von großer praktischer Relevanz in der sich selbst reproduzierenden Gemeinschaft der Studentenverbindung. Das Band wird von den Burschen nicht nur verwendet, es gibt eine wechselseitige Beziehung, in der das Band sozialisierend und identitätsstiftend wirkt und menschliche Interaktion beeinflusst. Die Grenze zwischen Subjekt und Objekt oszilliert in der Mensch-Ding-Beziehung von Bandträger und Couleurband.

Literatur

Böcher, Otto 2001 (zweite überarbeitete Auflage): *Kleines Lexikon des studentischen Brauchtums*. Hannover: Piccolo.

Gell, Alfred 1998. *Art and agency: an anthropological theory*. Oxford: Clarendon.

Grün, Bernhard; **Vogel**, Christoph 2016 (zweite überarbeitete Auflage): *Die Fuxenstunde. Handbuch des Korporationsstudententums*. Bad Buchau: VeBu.

Hahn, Hans Peter 2014 (zweite überarbeitete Auflage): *Materielle Kultur: eine Einführung*. Berlin: Reimer.

Krause, Peter 1980 (3. verb. Auflage): *O alte Burschenherrlichkeit: die Studenten und ihr Brauchtum*. Graz [u.a.]: Edition Kaleidoskop.

Kartellverband katholischer deutscher Studentenvereine: Homepage des Kartellverbands katholischer deutscher Studentenvereine (KV). www.kartellverband.de (letzter Zugriff 15.08.2019).

K.St.V. Markomannia Münster: Markomannenwiki. Online-Enzyklopädie der meisten verbindungsstudentischen Begriffe. www.markomannenwiki.de (letzter Zugriff 15.08.2019).

K.St.V. Thuringia Marburg Wintersemester 2005/2006: *Fuxenmappe K.St.V. Thuringia im KV zu Marburg*. Marburg. [Manuskript].

K.St.V. Thuringia Marburg: Homepage des K.St.V. Thuringia zu Marburg. www.thuringia-marburg.de (letzter Zugriff 15.08.2019).

Mead, George Herbert 1967. *Mind, self, and society: from the standpoint of a social behaviorist*. Chicago [u.a.]: Univ. of Chicago.

Miller, Daniel 2010. *Stuff*. Cambridge [u.a.]: Polity.

Turnerschaft Schaumburgia 1994: *Fuxenmappe der Turnerschaft Schaumburgia*. Marburg. [Manuskript].

Transkripte narrativer Interviews/ Gespräche der Autorin mit (pseudonymisiert):

Andi: aktiver Bursch Thuringiae
Jonas: aktiver Bursch Thuringiae
Clemens: inaktiver Bursch Thuringiae
Daniel: inaktiver Bursch Thuringiae
Tobi: inaktiver Bursch Schaumburgiae
Mattes: Alter Herr Schaumburgiae
Micha: Alter Herr Thuringiae

Verzeichnis der 2017 in Marburg aktiven Korporationen[27]

erstellt von der Autorin anhand der Homepages der Verbindungen

	Bund	Form	Farben-	Fechten	Mitglieder	Dachverband*
1	Alemannia	Burschenschaft	tragend	fakultativ	Männer	-
2	Arminia	Burschenschaft	tragend	fakultativ	Männer	NDB
3	Germania	Burschenschaft	tragend	pflicht	Männer	DB
4	Normannia-Leipzig	Burschenschaft	tragend	pflicht	Männer	DB
5	Rheinfranken	Burschenschaft	tragend	pflicht	Männer	DB
6	Teutonia-Germania	Burschenschaft	tragend	pflicht	Männer	-
7	Guestphalia et Suevoborussia	Corps	tragend	pflicht	Männer	KSCV
8	Hasso-Nassovia	Corps	tragend	pflicht	Männer	KSCV
9	Suevia-Straßburg	Corps	tragend	pflicht	Männer	KSCV
10	Teutonia	Corps	tragend	pflicht	Männer	KSCV
11	Aeternitas	Damenverbindung	tragend	nicht	Frauen	-
12	Clausthaler Wingolf	konfessionell	tragend	nicht	Männer	WB
13	Marburger Wingolf	konfessionell	tragend	nicht	Männer	WB
14	Palatia	konfessionell	tragend	nicht	Männer	CV
15	Rhenania	konfessionell	tragend	nicht	Männer	CV
16	Thuringia	konfessionell	(tragend)	nicht	Männer	KV
17	Unitas Elisabetha-Thuringia	konfessionell	führend	nicht	Frauen	UV

---

27   Wenn ein Bund nicht mehr über ausreichend Aktive verfügt, um alle Chargen zu besetzen, wird er vertagt oder suspendiert. Die Altherrenschaft existiert weiterhin und der Bund kann reaktiviert werden, sobald neue Aktive eintreten, dies geschah 2018 bei Suevia-Straßburg. Zum Erscheinungszeitpunkt des vorliegenden Bandes ist die Aeternitas suspendiert. Es hat sich mit der Guestfalia 2018 ein neuer Damenbund gegründet.

	Bund	Form	Farben-	Fechten	Mitglieder	Dach-verband*
18	Unitas Franko-Saxonia	konfessionell	führend	nicht	Männer	UV
19	Chattia	Landsmann-schaft	tragend	pflicht	Männer	CC
20	Hasso-Borussia	Landsmann-schaft	tragend	pflicht	Männer	CC
21	Hasso-Guestphalia	Landsmann-schaft	tragend	pflicht	Männer	CC
22	Nibelungia	Landsmann-schaft	tragend	pflicht	Männer	CC
23	Fridericiana	musisch	führend	nicht	egal	SV
24	Frankonia	Schwarzburg-verbindung	tragend	nicht	Männer	SB
25	Philippina-Saxonia	Turnerschaft	tragend	fakultativ	Männer	-
26	Schaumburgia	Turnerschaft	tragend	pflicht	Männer	CC
27	ATV Amicitia	Turnverbindung	führend	nicht	egal	ATB
28	ATV Marburg	Turnverbindung	führend	nicht	Männer	ATB
29	V.D.St. Marburg	Verein	führend	nicht	Männer	VVDSt

* Dachverbände:

- **ATB**: Akademischer Turnbund
- **CC**: Coburger Convent der akademischen Landsmannschaften und Turner-schaften
- **CV**: Cartellverband der katholischen deutschen Studentenverbindungen
- **DB**: Deutsche Burschenschaft
- **KSCV**: Kösener Senioren-Convents-Verband
- **KV**: Kartellverband katholischer deutscher Studentenvereine
- **NDB**: Neue Deutsche Burschenschaft
- **SB**: Schwarzburgbund
- **SV**: Sondershäuser Verband Akademisch-Musikalischer Verbindungen
- **UV**: Verband der Wissenschaftlichen Katholischen Studentenvereine Unitas
- **VVDSt**: Verband der Vereine Deutscher Studenten-Kyffhäuserverband
- **WB**: Wingolfsbund

Abb. 1: Das Couleurband der Ethnographischen Sammlung (M2858).

Abb. 2: Das Couleurband in der ethnographischen Ausstellung „Korpokosmos" in der Ethnographischen Sammlung, 2018.

Abb. 3: „Couleurecke" eines Inaktiven mit Zipfelbund, Mütze, Band mit Bandknopf.

Abb. 4: Chargierende Mitglieder katholischer Verbindungen in Vollwichs mit Schärpe, rechts im Bild mit Band und Schärpe, bei der Fronleichnamsprozession in Marburg 2017.

Abb. 5: Objektfotografie im Feld.

Abb. 6: Band mit Bandknopf um Prunkschläger,
„romantische" Bildkomposition eines Forschungspartners; Foto: Lilli Obholz.

Abb. 7: Comic „Intimsphäre", von dem korporierten Künstler Nikolaus Kilian (Phrittenbude) 2017 online veröffentlicht; aus den Reaktionen der korporierten Leser*innen wird die Relevanz des Themas innerhalb der Szene deutlich („Armlänge Abstand?"; „Band ist heilig"; „#metoo").

Ding – ein chinesischer Bronzekessel im Wechsel der Perspektive

SCHABNAM KAVIANY

„Ethnografik – Objekte im Wechsel der Perspektive"

Im Sommer 2014 wurde der Workshop „Ethnografik – Objekte im Wechsel der Perspektive" [sic] am Fachgebiet Kultur- und Sozialanthropologie der Philipps-Universität Marburg initiiert.[1] Gegenstand des Workshops war eine interdisziplinäre Verknüpfung von Ethnologie und bildender Kunst. Die Ethnographische Sammlung Marburg stellte kulturelle Objekte zur Verfügung, mit denen Studierende sich künstlerisch auseinandersetzten, um sich ihnen so auf kreative Weise anzunähern. Das *Ding* der Ethnographischen Sammlung, von dem dieser Beitrag handelt, war Bestandteil des Workshops und soll hier von verschiedenen Seiten beleuchtet werden. Während die künstlerische Auseinandersetzung mit dem Objekt nur am Rande zum Tragen kommt, ist der Fokus auf seine kulturelle Bedeutung gerichtet.[2] Gleichzeitig ist die Kunst das verbindende Glied, das der ethnologischen Auseinandersetzung mit dem Gegenstand zugrunde liegt.

Einleitend wird, anhand des Annäherungsprozesses an das Objekt, ein Einblick in die Idee gewährt, auf der das interdisziplinäre Projekt basiert. Dabei formt sich ein Bild von der allgemeinen kulturellen Signifikanz des Objekts. In einem historischen Abriss über seine kulturelle Verwendung, die sich über vier Dynastien des alten China erstreckte, wird seine rituelle Funktion in ihrem religiösen Kontext verortet. Eine Beschreibung des *Ding* der Marburger Ethnographischen Sammlung liefert eine Grundlage, um sich mit der Motivik zu befassen und diese schließlich in ihrem historischen Zusammenhang mit einer abschließenden Betrachtung der Einflüsse des Objekts auf die Gegenwart zu evaluieren..

---

1   Die Initiatorinnen waren Ulrike Bieker, Schabnam Kaviany und Dagmar Schweitzer de Palacios, mit finanzieller Unterstützung durch Curupira – Förderverein Kultur- und Sozialanthropologie in Marburg e. V.

2   Dementsprechend bleibt auch eine theoretische und kritische Auseinandersetzung um die Verbindung von Ethnologie und Kunst in diesem Aufsatz außen vor.

Wie lassen sich bildende Kunst und Ethnologie vereinen und inwieweit ist es sinnvoll, sich im Rahmen der Kulturwissenschaft künstlerisch mit kulturellen Objekten zu befassen? Ziel des Workshops war nicht nur ein detailliertes Studium der Gegenstände, sondern auch der Prozess eines intensiven interpretativen Dialogs mit den Objekten sowie die Präsentation der Ergebnisse in einer anschließenden Ausstellung. Auf dem Gebiet der Museums- und Kunstethnologie gilt es, sich interpretativer Methoden zu bedienen. Dementsprechend ist bei der Ausstellung ethnographischer Objekte eine kreative Präsentation im Hinblick auf deren kulturellen Hintergrund gefragt. Wenn es um ethnologische Darstellungsformen künstlerischen Ausdrucks geht, wird das Mittel des künstlerischen Ausdrucks somit selbst zur geeigneten ethnologischen Darstellungsform. Grafische Elemente innerhalb der Aufzeichnung und Präsentation von Feldnotizen sind ein klassisches Medium der Ethnologie, das es ermöglicht, komplexe Inhalte visuell darzustellen, hinausgehend über die reine Fotografie. Durch künstlerische Darstellungsformen können neben äußeren Erscheinungsbildern und der für das Auge sichtbaren Realität verschiedene Wirklichkeitsebenen gleichzeitig wiedergegeben werden, ohne sie auf Teilaspekte zu reduzieren. Ebenso kann ein Gegenstand eine Vielzahl von Bedeutungen und Zusammenhängen repräsentieren, von seinem instrumentellen Wert, bis hin zu seinem symbolischen Stellenwert. In traditionellen Gesellschaften sind Objekte oft vor dem Hintergrund eines ganzheitlichen Weltbildes Knotenpunkt von materieller Kultur, Kosmologie, Mythologie, Religion und Ritualkultur, Wissenschaft und Staat (Suhrbier 1998: 15; Münzel 1988). Diese Vielschichtigkeit von Motiven und Kontextualisierungen kann durch Kunst dargestellt werden.

An der Schnittstelle zwischen Ethnologie und Kunst war dieses *Ding* (Abb. 1) einst eines unter mehreren Objekten, die ich als Zeichenmodelle wählte. Ausgangspunkt war ein neutraler Standpunkt gegenüber den ausgewählten Objekten, weder mit Vorkenntnissen über deren Herkunft oder Funktion, noch Klarheit darüber, auf welches der Objekte die engere Auswahl fallen würde. Zunächst trat eine dankbare Freude über den Reichtum an Objekten an die Stelle der Suche nach einem Zeichenmodell. Begeistert widmete ich meine Mittagspause der Beschäftigung mit den ethnographischen Objekten. Wider Erwarten fiel die Entscheidung wie von selbst auf das *Ding*. Als ich den Kessel als Leihgabe der Ethnographischen Sammlung zum Zeichnen in mein Atelier brachte, versammelte sich eine Gruppe chinesischer Künstler*innen um das *Ding*. Ein offenbar bedeutsames Objekt der chinesischen Kultur hatte seinen Weg in das Marburger Atelier gefunden. Die kunstvolle Gestaltung und das scheinbar hohe Alter des Objektes versetzten die Künstler*innen in Staunen. Schnell erfuhr ich die ersten und wohl wichtigsten Eckdaten zu dem mir bis dahin völlig unbekannten „Ding". So begann meine Feldforschung unter Überbrückung von Raum und Zeit. Sie ereignete sich im Marburger Kunstatelier unter Chines*innen aus dem 21. Jahrhundert und handelte von chinesischem Kulturgut aus prähistorischer Zeit,[3] wovon im Folgenden berichtet werden soll. Das *Ding* fungierte im alten China als Opferkessel für Nahrungsgaben an die Geister; auf diese Weise sollte Reichtum erlangt werden. Gleichzeitig galten die Töpfe als Zeichen von Reichtum.

So schloss sich der Kreis: Ich hatte meine Mittagsmahlzeit für den Reichtum an Objekten geopfert und wurde folglich wie von Geisterhand zu dem *Ding* geführt, dessen ursprünglichem traditionellen Nutzen, im übertragenen Sinn, derselbe Prozess inhärent ist: das Opfern von Nahrung. Der eindrucksvolle Gegenstand strahlt eine rätselhafte Lebendigkeit aus. Er hat eine Geschichte zu erzählen, die sich im Verlauf des Zeichnens auf dem Papier zu manifestieren schien (Abb. 2). Kompositorisch wird dies von dem dunklen Hintergrund aufgefangen, vor dem das helle Objekt aus dem leeren Raum hervorsticht. Motivisch bezweckt die Darstellung, den Gegenstand und seine Materialstruktur möglichst naturgetreu und detailliert wiederzugeben. Gleichzeitig sind damit die Spuren der Zeit dokumentiert und zeichnerisch der Entstehungsprozess der aktuellen Daseinsform des Topfes in mehrfacher Hinsicht nachempfunden. Im Rahmen der intensiven zeichnerischen Auseinandersetzung mit dem Gefäß drängte sich eine Vorstellung von der Mühe und Professionalität auf, welche der Herstellung des Objektes zugrunde liegen. Durch das schwere Material in Verbindung mit der imposanten Form wirkt der Kessel machtvoll. Die kontemplative Kommunikation mit den geisterhaften Tiermotiven ließen diese zunehmend lebendig und bedeutungsträchtig erscheinen. Eines Nachmittags, bei der fotografischen Dokumentation des Topfes, trat der Geist, dem ich unwissentlich ein Opfer dargebracht hatte, schließlich in Form einer kleinen leuchtenden Gestalt in Erscheinung (Abb. 3 und 4).

Dies sind Ereignisse, die sich zutragen können bei der Beschäftigung mit ethnographischen Objekten durch ein mehrdimensionales Medium wie die Kunst. Es werden verschiedene Ebenen deutlich, die ein Kunstwerk zu einem wichtigen Medium der Ethnologie werden lassen können. Die künstlerische Auseinandersetzung mit Objekten ist eine aktive Teilnahme und Reflexion, die es ermöglicht, fremde, materielle Güter im Rahmen eines geistigen, kreativen Prozesses sinnlich erfahrbar zu machen und zu erforschen und sie sich dadurch gewissermaßen anzueignen. Dementsprechend kann die künstlerische Reproduktion von Kulturgütern als Medium gesehen werden, um etwas über deren Wesen zu erfahren – dies gilt nicht nur für

---

3   Einige der chinesischen Künstler*innen sind bewandert in chinesischer Kunstgeschichte und konnten detaillierte Auskünfte über die Funktion, die Verwendung und den kulturellen Wert sowie die Bedeutung des *Ding* in der heutigen chinesischen Gesellschaft und Populärkultur geben. Die spätere Literaturrecherche bestätigte und ergänzte diese Angaben.

den Künstler oder die Künstlerin, sondern auch für die Betrachter*innen.[4] Ebenso ist es Teil der ethnologischen Arbeit, die Perspektive zu wechseln, den eigenen Horizont zu erweitern und scheinbar Unbegreifbares greifbar zu machen. Wir können uns durch die künstlerische Auseinandersetzung mit Objekten den Kulturen, denen sie entstammen, auf materieller, technischer, sozialer und geistiger Ebene annähern. Zum einen studieren wir die Objekte dieser kulturellen Gruppen, vollziehen deren Erschaffung nach und benutzen dabei das gleiche Medium – die Kunst.[5] Zum anderen spiegelt diese Art der künstlerischen Aneignung das Verständnis von kreativen Prozessen innerhalb der ganzheitlichen Philosophien diverser Kulturen, denen die Objekte entstammen, wider. Darin wird der Schaffensprozess oft als Revitalisierung des Schöpfungsgeschehens und als Einfügung in eine gesamtgesellschaftliche Ordnung gesehen (vgl. Münzel zum Amazonasgebiet 1988). So schreibt Münzel (1988: 41): „‚Kunst' ist der materialisierte Ausdruck des spirituellen ‚Kerns' einer Kultur."

Die Kunst führte mich zu dem Bronzekessel und diese Begegnung mündete nicht nur in einer intensiven künstlerischen, sondern auch in einer kulturwissenschaftlichen Auseinandersetzung mit dem Objekt. Im Rahmen der ethnologischen Annäherung erweiterte sich der interdisziplinäre Referenzrahmen, da historische und archäologische Quellen wichtige Informationsgrundlagen lieferten.

Das Ding[6]

Was ist das für ein Ding? *Ding* (Pinyin: *dĭng*)[7] ist die chinesische Bezeichnung für spezielle altchinesische, bronzene Kultgefäße. Grundsätzlich handelt es sich bei den *Ding* um Gefäße, die mit zwei gegenüberliegenden Griffen und gegebenenfalls mit einem Deckel ausgestattet sind. Sie besitzen in der Regel eine runde Form

---

4 Selbstverständlich kann über die rein künstlerische Auseinandersetzung mit einem kulturellen Objekt kein Anspruch auf eine wissenschaftliche Erkenntnis über die kulturelle Bedeutung des Objektes erhoben werden. Kunst und Ethnologie erschließen andere Perspektiven auf das Objekt, wie Rossbach de Olmos in diesem Band zeigt. Jedoch kann in jedem Fall durch das intensive Studium, das mit einer künstlerischen Methode wie der Zeichnung einhergeht, eine die wissenschaftliche Analyse ergänzende Annäherung an die äußere Erscheinungsform des Objektes erfolgen.

5 „Kunst" ist hier gemeint im Sinne eines schöpferischen Prozesses, nicht im Sinne des kulturell gebundenen Kunstbegriffs.

6 Aus stilistischen Gründen wähle ich den sächlichen Begleiter im Deutschen, wobei *dĭng* im Chinesischen kein Genus zugeordnet ist.

7 Pinyin ist die offizielle chinesische Romanisierung des Hochchinesischen in China.

und stehen auf drei Füßen, treten aber auch in rechteckiger Form mit vier Beinen auf (*Fangding* (方鼎) (Xueqin 1980: 9; Fong 1980: 108). Das chinesische Schriftzeichen für *Ding* 鼎 (Radikal 206) bedeutet „Dreifuß", steht aber auch für kaiserliche Macht oder Macht allgemein sowie als Symbol für das Reich (Rüdenberg 1963: 504).[8] Dieser Name für die Bronzekessel lässt bereits Rückschlüsse über den hohen Stellenwert der Objekte innerhalb ihrer Herkunftskultur zu. Die Bezeichnung ist in diversen Inskriptionen enthalten, die eine Vielzahl der Behälter kennzeichnen (Xueqin 1980: 8).

Auf dem bronzenen Dreifuß der Ethnographischen Sammlung ist allerdings keine Inskription zu finden. So geheimnisvoll wie die Geschichte des *Ding* mutet dem Laien, bzw. der Laiin, auch sein Erscheinungsbild an. Es misst 28 cm, mit den Henkeln 36 cm und hat einen Durchmesser von 28,5 cm. Sein Material ist von schwärzlich dunkler Farbe und weist diverse Spuren des Alters auf, von vereinzelten Resten roten Lacks bis hin zu einer türkisfarbenen, durch Oxidation entstandenen Patina. Es ist reich geschmückt und mit komplexer, detailgetreuer Ornamentik versehen: Drei maskenartige Gesichter, die sich aus einzelnen ornamentalen Formen symmetrisch zusammensetzen, bedecken den Kessel. Jeweils auf ihrer Mittelachse gehen die drei Gesichter in die Füße des Gefäßes über, sodass sie wie ein Kippbild jeweils einschließlich des Kesselbeines als Elefantengesicht mit Stoßzähnen und Rüssel gesehen werden können. Am oberen Ansatz der Elefantenrüssel, welche die Kesselbeine formen, befindet sich jeweils ein weiteres Gesicht eines vitalen gehörnten Ungeheuers mit starrem Blick, das plastisch hervortritt. Die Füße haben am unteren Rand eine Musterung, welche die Zehen eines Elefantenfußes andeutet. Kleine drachenartige schematisch gestaltete Wesen in Profilansicht sind zudem im oberen Bereich des Kessels an den Mittelachsen zwischen den Beinen zu erkennen. Die Hauptmotive sind umgeben von filigran ausgearbeiteten Spiralmustern (Voluten), welche sich über die gesamte Fläche des Gefäßes ziehen. Diese detailgetreue Ornamentik und komplexe Motivik lassen Rückschlüsse auf historische Zusammenhänge einer bestimmten Stilepoche zu, welche jedoch jenseits einer professionellen Expertise auf reine Mutmaßungen limitiert sind. So ist die tatsächliche Stilepoche des *Ding* der Marburger Ethnographischen Sammlung nicht bekannt. Um sich den Hintergründen dieser magischen Bildwelten anzunähern, lässt sich das spezielle Objekt in den Gesamtzusammenhang der chinesischen Ritualkesselmotivik einordnen, die im Verlauf des Textes behandelt wird. Die diversen geometrischen und zoomorphen Motive auf den chinesischen Bronzekesseln wurden von Seiten der Expert*innen auf dem Gebiet im Hinblick auf religiöse, kosmische oder my-

---

8   Zudem bedeutet es Kessel, Opfergefäß oder Urne, als Verb errichten, als Adjektiv fest oder stark.

thische Bedeutungen vielseitig interpretiert, doch liegen dazu keine direkten Überlieferungen vor (Kuwayama 1976: 7).

Die Mehrzahl solcher Gefäße wurde als Grabbeigaben gefunden (Brinker 1975: 17). Die Bronzegefäße der ersten dokumentierten chinesischen Dynastie, der sogenannten Xia-Dynastie, ca. 2205–1760 v. u. Z. (Fong 1980: xv), und der darauffolgenden Shang-Dynastie, ca. 1700–1100 v. u. Z. (Allan 1991), weisen betreffend der Gefäßform eine Kontinuität seit dem Neolithikum auf. Wie neolithische Funde belegen, verwendete man bereits zu dieser Zeit dreibeinige Kessel aus Keramik. Allmählich wurden die dreibeinigen Tonkessel von Bronzekesseln abgelöst (Rawson 1980: 11, 28, 36). Bronze wurde zu einem wertvollen Material im alten China, dessen Rohstoffgewinnung in der Shangzeit durch Bergbau erfolgte. *Ding* zählen zu den bedeutsamsten Formen der chinesischen Ritualbronzen. Es wird ihnen ein hoher ästhetischer Wert beigemessen und sie zeugen von außerordentlicher technischer Professionalität (Brinker 1975: 17, 19).

Die Produktion der Gefäße hatte ihren Höhepunkt in Chinas florierender Bronzezeit während der Shang- und Zhou-Dynastie, letztere 1100–256 v. u. Z. (Allan 1991; Kuwayama 1976: 7). Hergestellt wurden die kostbaren Bronzen im Gussverfahren durch spezialisierte Personen im Auftrag einer begrenzten gesellschaftlichen Elite (Brinker 1975: 17). Im alten China wurden sie zur Zubereitung von Nahrung, zur Lagerung und für Ritualopfer an die Geister und Ahnen verwendet (Fong 1980: 2; Allan 1991). Zudem stellten sie Symbole der Herrschaft dar. Während der Shang- und Zhou-Dynastie dienten sie sakralen und sozialen Zwecken. In der Regel waren sie nicht für alltägliche Anlässe vorgesehen. Ihr ritueller Nutzen gestaltete sich im Rahmen eines Fruchtbarkeitskultes und damit verbundener Geisterverehrung. Zu diesen Ereignissen kamen sie oft über Generationen hinweg in Opferzeremonien zur Anwendung (Lawton 1982: 23; Brinker 1975: 17). Sie wurden in Ahnentempeln auf Altären platziert, für zeremonielle Absolutionen verwendet oder speziell für königliche Grabbeigaben angefertigt (Xueqin 1980: 9) und den Verstorbenen im Grab nach dem Opferritual beigefügt (Brinker 1975: 17; Kuwayama 1976).

Das *Ding*, um das es in diesem Beitrag geht, erreichte im Jahre 1863 die Sammlung Nassauischer Altertümer in Wiesbaden. Von der Sammlung historischer Altertümer wurde es gemeinsam mit weiteren chinesischen Sammlungsobjekten an die Ethnographische Sammlung in Marburg übergeben. Das ist alles, was über die Herkunft des Marburger *Ding* bekannt ist. Der genaue Ursprung und das Alter des Gefäßes bleiben unbekannt. Es ist auch bis dato nicht sicher, ob es sich um ein antikes Original oder um eine Nachbildung aus jüngerer Zeit handelt.

Geister- und Ahnenkult im alten China

Die Religion des alten China berief sich auf die Verehrung von Himmels- und Erdgottheiten sowie Ahnenverehrung (Allan 1991: 19). Die übernatürlichen Kräfte der Natur spielten eine übergeordnete Rolle im Denken und Handeln der Menschen. So kreisen die Mythen um die Bezwingung der Natur oder die Interpretation der Naturgewalten (Fong 1980: 8). Die Ahnenverehrung bildete bis in die moderne Zeit den Kern der chinesischen Religion. Grundlegend dafür war der Glaube daran, dass Menschen nach dem Tod weiterexistieren und weiterhin Macht über die Lebenden ausüben. Darüber hinaus bestand die Annahme, dass die Verstorbenen Nahrung von den Lebenden benötigen. Dieser Glaube war bereits im Neolithikum verbreitet, wovon Grabbeigaben, wie mit Getreide gefüllte Tongefäße, zeugen, die vermutlich dazu dienten, den Hunger der Geister zu stillen. Laut der US-amerikanischen Asienwissenschaftlerin Sarah Allan verlangten mächtige Totengeister nach Opfern von den Lebenden (Allan 1991: 19, 113). Durch die Opferpraxis bezweckten die Nachkommen, den Verstorbenen ein unbeschwertes Leben nach dem Tod zu gewährleisten und sich damit ihrer Gunst zu versichern. Angepasst an die hierarchische Gesellschaftsstruktur wurde den Ahnen eine Macht zugesprochen, die dem gesellschaftlichen Rang der sie Verehrenden entsprach. So stärkte der Ahnenkult das feudale Herrschaftssystem. Die Ritualkessel bildeten dabei Repräsentationen der herrschenden Macht. Ihre Beschädigung oder ihr Verlust beinhaltete gleichsam den Niedergang des Staates (Brinker 1975: 17)

Die Legenden um die neun Ding

In diversen Gräbern des alten China wurden neun *Ding* gefunden. Eine bekannte Legende berichtet von neun immensen *Ding*, die ein Herrscher und Kulturheros herstellen ließ. Darin heißt es, dass diese neun *Ding* zu Beginn der Xia-Dynastie um das 21. Jahrhundert v. u. Z. hergestellt wurden (Xueqin 1980: 2 f., 9; Brinker 1975: 18). In der mythischen Zeit vor der Existenz der Menschheit gab der übernatürliche Kulturheros der Welt ihre heutige Form, indem er die natürliche von der übernatürlichen Welt separierte. Er stellte auch die politische Ordnung her, indem er die neun Provinzen etablierte und die neun *Ding* gießen ließ. Sein Sohn war der erste Xia-Herrscher des alten China. Unter seiner Herrschaft wurden Himmel und Erde voneinander getrennt. Dabei hatte er eine Vermittlerrolle inne, denn ihm wurde noch der Zugang zum Himmel gewährt. Von dort brachte er die Musik auf die Erde. Schließlich konnten durch die neun *Ding* Opfer an die himmlischen Wesen erbracht werden (vgl. Allan 1991: 71). Nach dem Fall der Xia, so heißt es, gingen die neun *Ding* in den Besitz des Shang-Königshauses über und wurden am

Ende der Shang, ca. 600 Jahre später, von dem Zhou-Königshaus übernommen. Die neun *Ding* waren das Symbol der zentralen Autorität des alten China. Wer immer sie besaß, dem wurde die höchste Macht über die Nation zuteil (Xueqin 1980: 2 f.). So wurde der Besitz einer oder mehrerer *Ding* mit Macht und Herrschaft assoziiert. Einer Legende zufolge sollen die neun *Ding* in einem Fluss verschollen sein. In einem Bericht über den ersten Kaiser Ch'in Shih-huang, der 221–206 v. u. Z. regierte, wird erzählt, er habe im Jahre 219 v. u. Z. erfolglos versucht die neun *Ding* aus dem Fluss zu bergen (Abb. 5). Auf sie soll die Macht des von ihm entthronten Zhou-Königs (über seine Untergebenen) zurückgegangen sein (Brinker 1975: 18).

In verschiedenen Geschichten und künstlerischen Darstellungen stellen die Bronzegefäße Symbole der Macht oder Herrschaft dar. Dies drückt sich auch in einer chinesischen Redewendung aus – „sich nach dem *Ding* erkundigen" (Chinesisch: 问 鼎; pinyin: wèn dǐng) –, was bedeutet, die Macht zu erfragen.[9] Analog dazu berichtet eine bekannte chinesische Legende von einem König, der sich nach dem Gewicht und der Größe der neun *Ding* des Zhou-König Ding erkundigte, die aus dem Besitz der Xia stammten und die königliche Macht repräsentierten – er stellte damit die Macht des Zhou-Königs in Frage (Xueqin 1980: 2).

Nahrung für die die Geister im Opferkult der Shang

Es gibt unterschiedliche Typen, Formen und Stile der Gefäße. Diese hängen einerseits mit dem speziellen Verwendungszweck, andererseits mit der jeweiligen Stilepoche zusammen (Brinker 1975: 17). Der Philosoph Lü Ta-lin (1046-1092) nimmt in seinem K'ao-ku-t'u, einem Katalog antiker Bronzen und Jaden, eine Einteilung in die drei Hauptgruppen von Speise-, Wein- und Wassergefäßen vor. Sie dienten jeweils der Zubereitung und Aufbewahrung von Opferspeisen, für Trankopfer und zum rituellen Trinken oder Einschenken von Wasser. Bei den Dreifüßen mit dem Namen *Ding* handelt es sich um Ritualbehälter und Gefäße für Speisen oder zum Kochen (Brinker 1975: 21, 17, 27). Im Opferkult waren die Gefäße, die in Bestattungen beigesetzt wurden, analog zu denen, die von den Lebenden verwendet wurden und bei den Zeremonien zum Einsatz kamen (Allan 1991: 130).

Der genaue Ablauf der Opferzeremonien ist im Detail nicht eindeutig rekonstruierbar. In der Shang-Zeit wurden die Opferriten in speziellen Gebäuden abgehalten und von Musik und Tanz begleitet. Die letzte Hauptstadt der späten Shang-Dynastie Yinxu/Yin wird als rituelles Zentrum für den Opferkult angenommen (Allan 1991: 4, 117). Ausgrabungen dieser Zeit zeugen von großen Palastanlagen, Tem-

---

9   Siehe www.mdbg.net/chindict/chindict.php?popup=1&wdqchid=%E5%95%8F%E9%BC%8E%E8%BC%95%E9%87%8D&wdrst=1 (letzter Zugriff 15.08.2019).

peln, königlichen Gräbern und umfangreichen Opferungen. Zu den Opfergaben zählten vor allem Fleisch, gewürzter Hirsewein und andere Alkoholika (Brinker 1975: 17). Insgesamt erweisen sich Weingefäße in der Shang-Zeit als die meist verbreiteten Ritualgefäße, während unter den Nahrungsgefäßen *Ding* dominierten (Fong 1980: 7). Die Größe ausgegrabener *Ding* variiert zwischen 10 cm und 133 cm Höhe – teilweise groß genug, um darin einen Ochsen, Hirsch oder Menschen zu kochen (Xueqin 1980: 9). Die *Ding* der Shang-Zeit gestalteten sich üppiger als die Gefäße anderer Dynastien. Das größte sogenannte *Fangding* Si Mu Mou der Shang-Periode von eckiger Form wiegt 875 kg und misst 133 cm Höhe. Die *Ding* wurden beispielsweise mit Fleisch oder Getreide gefüllt, um den Vorfahren und Naturgeistern zu opfern, um die Geister zu besänftigen und eine Bestrafung durch die Geister zu vermeiden, sie wohlwollend oder zumindest nicht bösartig zu stimmen, sowie um von ihnen Unterstützung oder Hilfe zu erbeten. Könige der Shang-Dynastie erhofften sich durch die Opferpraxis Gesundheit und Fruchtbarkeit ihres Volkes und Landes. Demzufolge können die damaligen Opferrituale als pragmatischer Tausch verstanden werden (Allan 1991: 19 ff., 4).

Das Knochenorakel

Die zentrale rituelle Rolle der Könige des alten China bestand darin, die korrekten Opferriten und die angemessenen Opfer zu bestimmen und durchzuführen. In der späten Shang-Periode beherrschte der Ahnenkult das Leben der Könige. Es existierte ein Ritualkalender, nach dem die Vorfahren jeweils an einem bestimmten Tag der Woche, dessen jeweiliger Sonne sie mythisch zugeordnet waren, ein Opfer erhielten.[10]

Zudem versuchten die Könige die für sie selbst und ihr Volk erforderlichen Opfer an die Vorfahren mithilfe von Orakeln zu ermitteln (Allan 1991: 19, 46, 124 f.). Dazu verwendeten sie Orakelmedien, welche als Orakel- oder Drachenknochen bezeichnet werden. Dabei handelte es sich um Ochsen-Schulterblattknochen oder Schildkrötenpanzer, insbesondere Plastrons. Die Orakelknochen stellen Modelle des Kosmos dar, in denen durch die Kombination der Elemente Feuer und Wasser zunächst natürliche, dann künstlich produzierte Zeichen gelesen wurden (ebd.: 1, 113). Es werden drei Kategorien der Orakelinskriptionen unterschieden, die sich jeweils auf Opfergaben, die Zukunft oder Handhabung bereits bestehender Unruhen beziehen. Das häufigste Thema sind die Opfergaben. In diesem Kontext beziehen sich die Inskriptionen auf spezielle Geister, die Form der Riten und er-

---

10   Die Gesellschaft war klassifiziert in zehn Gruppen, die zehn Sonnen zugeordnet waren, jeweils identifiziert mit zugehörigen Totengeistern (Allan 1991: 172).

forderlichen Gaben, wie Tier- und Menschenopfer (ebd.: 117). Die Orakelknochen beziehen sich auf selbige in großem Ausmaß. Es wurden tausende von Menschenopfern in Massengräbern, in Gebäudefundamenten und auf speziellen Opferfriedhöfen gefunden. Viele Opfer wurden zum Beispiel während des Baus von Tempeln oder im Anschluss daran dargebracht, möglicherweise um diese zu sakralisieren (ebd.: 3 f.). Auf einem einzigen Friedhof wurden mehr als 2000 Menschenopfer sowie zahlreiche Ritualbronzen gefunden (Fong 1980: 4 ff.). Die Opfergaben gestalteten sich gemäß ihrem Anlass, wobei es sich häufig um Kombinationen von bestimmten Tieren und Menschen handelte (Allan 1991: 117). Für die nötigen Menschenopfer dienten Sklav*innen (Fong 1980), Kriegsgefangene oder politische Gefangene (Allan 1991: 124). Zu den wichtigsten Opfertieren im alten China zählten Hunde, Schweine, Schafe und Rinder (Brinker 1975: 22), die zu Opferzwecken gejagt oder gezüchtet wurden (Allan 1991: 124).

Die zweite Kategorie der Orakelinschriften, die Divination, betraf „Naturereignisse" sowie Ernte, Leben und Tod. Dabei ging es weniger darum, die Zukunft vorauszusagen, als vielmehr darum, sie zu kontrollieren. So wurde Auskunft über die Akzeptanz der geleisteten Opfer oder die Notwendigkeit für weitere Opfer erlangt. Die Opferpraxis fußte auf dem Glauben an die notwendige Verbindung von Leben und Tod im Sinne von Nehmen und Geben. So galt das rituelle Opfer von Leben als Voraussetzung für das Ziel der Fruchtbarkeit (Allan 1991: 113, 118). Häufiges Thema der königlichen Anliegen war die Jagd. Dabei kann ein symbolischer Zusammenhang gezogen werden zwischen Jagd, Opferpraxis und Krieg, welche alle mit der Macht des Herrschers über Menschenleben verbunden sind (Burkert 1983: 47). Tiere und Menschen wurden gleichsam erbeutet zum Zweck der rituellen Opfer (Allan 1991: 118 f.). Bei der dritten Kategorie, in der es darum ging, bereits bestehende Unruhen zu beheben, half das Orakel, den dafür verantwortlichen Geist ausfindig zu machen (ebd.: 119).

Die Rolle der Dreifüße von der Zhou- bis zur Han-Dynastie

In der Zhou-Dynastie und danach galt der jeweilige chinesische König als Sohn des Himmels und sein Palast als kosmologisches Zentrum, von dem aus die Harmonie des Reiches durch angemessene Opferpraxis erzielt wurde (Allan 1991: 4). In der späten Zhou-Kultur wurden auch Besessenheit und Trance Teil der religiösen Rituale (ebd.: 19, 113). Im Verlauf der Zhou-Periode ging der Gebrauch der Weingefäße stark zurück, stattdessen waren wesentlich mehr *Ding* als Kochgefäße in Gebrauch, in denen Fleisch, Getreide und Gemüse geopfert wurden. Diese Entwicklung wird auf religiöse und politische Ursachen zurückgeführt. In schriftlichen Überlieferungen der Zhou-Zeit wird der Alkoholmissbrauch der

Shang-Könige verurteilt, auf den auch der Untergang ihres Reiches zurückgehen soll. So wurden unter der Zhou-Dynastie Trinkgelage verboten und unterlagen der Todesstrafe (Fong 1980: 12). Parallel dazu wurden während der Zhou-Dynastie die mythischen Traditionen systematisiert und theoretisiert, sowie kritisch hinterfragt. Übernatürliche Fähigkeiten der Ahnen wurden in Zweifel gestellt (Allan 1991: 174). So dienten die Bronzegefäße immer seltener religiösen Zwecken. Während die Ahnenverehrung weniger im religiösen Sinne als vielmehr im Sinne des Statussystems praktiziert wurde, wurde die Geisterverehrung der Shang gänzlich eingestellt. Opferungen waren den aristokratischen obersten Klanmitgliedern vorbehalten und wurden für das Prestige und die Macht der Erbschaftslinie praktiziert. Die Herstellung der *Ding* und auch die Opferzeremonien waren zunehmend politischen Ereignissen gewidmet, was auf den Inschriften der Kessel festgehalten ist (Fong 1980: 17, 15), durch welche die Bronzegefäße etwa ab dem Ende der Shang-Dynastie gekennzeichnet sind.[11] Zunächst war die Verwendung der Bronzegefäße ausschließlich der Herrscherklasse gestattet. Anhand der Gefäßinschriften lässt sich rekonstruieren, dass in der Endphase der Shang-Dynastie einzelne Bronzen für treue Dienste an Untergebene übergingen. In der Zhou-Dynastie wurde die Herstellung der Bronzen allmählich von breiteren Bevölkerungskreisen in Auftrag gegeben und die Dreifüße wurden zu Symbolen feudaler Macht (Brinker 1975: 17 f.). Die Anzahl der Gefäße im Besitz einer Person nahm dem jeweiligen sozialen Rang entsprechend zu (Rawson 1987: 41). In der sogenannten Zeit der Streitenden Reiche (475 v. u. Z. – 221 v. u. Z.) unter der späten Zhou-Dynastie wurde der religiöse und politische Wert der Bronzegefäße schließlich durch säkulare Funktionen abgelöst (Lawton 1982: 23). Während der Han-Dynastie (206 v. Chr. – 220 n. Chr.) lösten andere Materialien den Wert von Bronze ab und das Bronzezeitalter des alten China ging auf sein Ende zu (Fong 1980: xv, 321 f.).

Geister und Dämonen

Essentielle dekorative Elemente der Bronzegefäße sind Tiermotive. Zu den bekanntesten Motiven zählt das sogenannte *Taotie* (Pinyin: tāotiè), das sich bereits auf Ritualbronzen des Neolithikums befindet (Xueqin 1980: 56). Auf dem *Ding* der Ethnographischen Sammlung können sowohl die flachen Maskenmotive auf dem Gefäß als auch die plastischen Gesichter an den Kesselbeinen als *Taotie* identifiziert werden (Abb. 6 und 7). Der Begriff *Taotie* taucht in einem historischen Text der Zhou-Zeit auf und bezieht sich auf eine der vier üblen Kreaturen der

---

11   Auch Klannamen oder Opferzwecke sind als Inschriften auf den Gefäßen zu finden (Kuwayama 1976: 7).

Welt. Aufgrund seiner unersättlichen Gier trug sie den Namen *Taotie*, was Vielfraß oder Nimmersatt bedeutet (Allan 1991: 145; Brinker 1975: 24). In den klassischen chinesischen Chroniken aus dem dritten Jahrhundert v. u. Z. wird das *Taotie* beschrieben als Wesen, das einen Kopf besitzt, aber keinen Körper, das einen Menschen verspeiste, doch bevor es ihn hinunterschlucken konnte, wurde sein eigener Körper zerstört (Xueqin 1980: 56; Allan 1991: 145).

Darstellungsformen des *Taotie* unterliegen kontinuierlicher Transformation (Abb. 8). Frühe Abbildungen sind häufig sehr einfach und abstrakt gehalten, teils ausschließlich auf die markanten Augen reduziert, und gestalten sich zunehmend komplexer, detaillierter und konkreter (Allan 1991: 138). Der Geisterglaube der Shang-Dynastie spiegelt sich in dem mystischen und ehrfurchtgebietenden Stil des Bronzedekors dieser Zeit (Xueqin 1980: 56). Das *Taotie*-Gesicht kann sowohl die Kessel selbst, als auch die Gefäßbeine verzieren. Es handelt sich meistens um ein dämonisches Tier, das frontal als symmetrisches Gesicht gestaltet ist. Auf der Mittelachse läuft die Gesichtsform spitz zusammen, wird durch Spiralmuster oder rautenförmige Elemente vereint. In späteren Darstellungen setzten sich die Gesichtshälften häufig aus zwei einander zugewandten drachenartigen Körpern im Profil zusammen (Brinker 1975: 24). Daher wird das *Taotie* in alten chinesischen Büchern als Reptil mit einem Kopf und zwei Körpern beschrieben (Xueqin 1980: 57). Sein Erscheinungsbild kann Elemente realistischer Tiere wie Hörner oder Reißzähne beinhalten. Zudem wird das *Taotie* häufig ohne Unterkiefer dargestellt, um seinen geöffneten Mund zu betonen. In anderen Fällen ist er mit einem Raubkatzengebiss ausgestattet. Offensichtlich steht das Wesen mit Nahrung und unersättlichem Appetit in Verbindung ebenso wie die Kessel, die es abbilden, für Nahrungsopfer an die hungrigen Geister dienten (Allan 1991: 148f.). Des Weiteren kann der geöffnete Mund auch als Symbol für den Übergang in die Welt der Toten gedeutet werden (Chang 1980: 204; Allan 1991: 154 f.).

Deutungen des Motivs sind vielfältig und erstrecken sich von einem menschenfressenden Ungeheuer über einen apotropäischen Tierdämon bis hin zu dem ursprünglichen, schöpferischen Prinzip *tao* (Brinker 1975: 24). Weitere Motive, die häufig auf den Dreifüßen zu finden sind, sind Drachen in diversen Formen. Traditionell werden diese als *Kui*-Dachen bezeichnet. Sie sind immer von der Seite abgebildet, gekennzeichnet durch hervorstechende Augen, geöffnete Mäuler, Hörner und spiralförmige Schwänze (ebd.). Die Drachenmotive können Attribute von Vögeln und Unterwasserwesen und damit von den Elementen Luft und Wasser sowie oben und unten vereinen. Sie sind mythologisch konzipiert als Unterwasserwesen, welche auch zum Himmel empor fliegen können (Allan 1991: 157 ff.). Andere beliebte Abbildungen sind Jagdtiere, die dementsprechend in Verbindung mit der Opferpraxis stehen (ebd.: 162). Häufig verschmilzt das verbreitete Elefantenmotiv mit dem des *Taotie*, wie es auch bei dem Kessel der Marburger Ethnographischen Sammlung der Fall ist. Bei dem Elefanten handelt sich um ein legendäres Tier (Xueqin 1980: 57 f.), das von besonderer Bedeutung ist, da ein wichtiger Shang-Vorfahre mit einem Elefanten identifiziert wird. Dementsprechend wurden Elefanten auch sakral bestattet (Allan 1991: 162).

Das feine flächenfüllende Spiralrelief, das sowohl eckig als auch rund sein kann, ist ein zentrales Merkmal der Shang-Epoche, das noch bis in die Mitte der westlichen Zhou ca. 900 v. u. Z. vorherrschte. Es wird auch mit dem chinesischen Begriff *Leiwen* bezeichnet, was Donner oder Blitzmuster bedeutet und mit einem magischen Regenkult assoziiert wird (Brinker 1975: 25). In der aufgezeichneten Aussage eines Kommandanten der Zhou-Zeit finden sich Hinweise auf die Bedeutung der Motivik.[12] Demzufolge handelt es sich bei den Kreaturen auf den Bronzekesseln um die Geister der Berge, Flüsse und anderer Naturformen.

Die Kontroversen um die Bedeutung oder Bedeutungslosigkeit der Motive verbindet Allan (1991: 128 f.) durch einen Konsens. Denn sie sieht darin weder „reine Dekoration noch Repräsentation". Ähnliche Darstellungsformen können sich auf unterschiedliche Wesen beziehen und sind nicht als Abbild der Realität zu verstehen. Vielmehr schöpfen sie sich wie Mythen aus der Realität und stehen in einem derartigen nonverbalen Realitätszusammenhang im Spannungsfeld von individueller Religiosität und gesellschaftlichem Glaubenssystem. Durch den Bruch mit der Realität einerseits und die Etablierung einer visuellen Harmonie einer anderen Realität andererseits, entsteht demnach eine mysteriöse sakrale und kraftvolle Ausstrahlung dieser Objekte, die über die Grenzen der alltäglichen Realität hinausgeht. Die Bronzekunst als Teil der Opferpraxis bezieht sich auf Themen der Transformation, des Todes und der Geisterwelt. Insgesamt setzen sich die Motive aus Menschen und Tieren zusammen, die geopfert wurden und deren Symbolsprache auf den Übergang in die Geisterwelt und Welt der Toten hindeutet (ebd.: 130, 169 f.).

---

12   „Früher, als die Xiaherrscher Inhaber von Tugenden waren, wurden Kreaturen von fernen Regionen abgebildet. Die Metalle der neun Provinzen wurden verwendet, um Dreifüße zu gießen, mit Repräsentationen dieser Kreaturen darauf. All die Myriaden von Kreaturen wurden repräsentiert, um die Menschen über Geister und üble Mächte zu unterrichten. Folglich, wenn die Menschen durch die Flüsse, Sümpfe, Berge und Wälder wanderten, trafen sie auf keine schädlichen Dinge und die Geister der Berge, Monströse Dinge und Wassergeister trafen nicht auf die Leute (um ihnen zu schaden)" (vgl. Fong 1980: 9 f.) [eigene wörtliche Übersetzung aus dem Englischen].

Stilmerkmale der Ritualbronzen

Entsprechend des Zwecks der Shang-Bronzegefäße, der in der Verbindung mit der Geisterwelt bestand, bediente man sich der letzteren in der Motivwahl. So ist der Kunststil der Shang-Zeit gekennzeichnet durch „Disjunktionen, Doppelbilder und Transformationen". Verschiedene Formen verschmelzen zu einer, sind gleichzeitig Teil von anderen Formen, gehen in andere über und können auf verschiedene Weisen wahrgenommen werden. Sie weisen auf eine Welt jenseits der Grenzen der physischen Realität hin, die keiner klaren und statischen Definition unterliegen, sondern sich in ständiger Transformation befinden (ebd.: 130 f.). In der späten Shang-Dynastie erreichte die Ausarbeitung des Bronzezeitdekors ihren Höhepunkt und unterlag einer rasanten Entwicklung. Zu Beginn der Shang-Zeit wurden einfache Formen später in zahlreichen Variationen minutiös und symmetrisch elaboriert gestaltet. Meist verbreitete *Ding* dieser Zeit waren von runder Form mit Tierfüßen (Fong 1980: 8, 4 ff.).

Im Zhou-Stil erhielten die Beine eine verstärkte Betonung und waren häufig durch *Taotie*-Motive geschmückt (Rawson 1987: 35). In der späten westlichen Zhou-Periode nahmen dem Wohlstand entsprechend die Gefäße an Größe zu (Loewe et al. 1999: 440). Während die Funktion der *Ding* in der westlichen Zhou-Periode an politischer Relevanz gewann, wurden die Gefäße mit Inschriften versehen (Loewe et al. 1999: 328). Im Verlauf der Zhou-Zeit setzte einhergehend mit einer literarischen Entwicklung eine Abwendung von den konkreten und zoomorphen Motiven ein, hin zu einem abstrakteren Stil. Als sich das Klassensystem in der späteren Zhou-Periode auf sein Ende zubewegte und die aufsteigenden Gesellschaftsklassen die Bronzegefäße produzieren ließen, wurden neue Kunststile exploriert (Fong 1980: 17 f.). Es entwickelten sich regional differenzierte Stile und schließlich hielten Alltagsmotive Einzug in die künstlerische Gestaltung. Statt Geistern schmückten nun häufig Menschen die Gefäße (Brinker 1975: 25). Auch Geisterdarstellungen nahmen statt tierischer nun menschliche Formen an (Fong 1980: 18). In der folgenden Zeit der Han-Dynastie wurden in diesen Stilrichtungen weiterhin Bronze und Keramikdreifüße produziert (Fong 1980: 18; Sullivan 2008: 56; Rawson 1980: 85).

Ding in der Gegenwart

Heute bilden die Ritualgefäße ein bedeutsames Element der chinesischen Kulturgeschichte. Nicht nur an öffentlichen Plätzen Chinas wie der Nanjing-Universität in Südostchina oder der südchinesischen Stadt Zhaoqing sind überdimensional große *Ding*-Statuen platziert, sondern auch das Shanghai-Museum, eines der größten Museen zur chinesischen Kulturgeschichte, ist in seiner Architektur an die Form eines *Ding* angelehnt.[13] Die Relevanz der Dreifüße ist auch in der chinesischen Sprache präsent. Eine alte chinesische Redewendung bezieht sich auf die Verlässlichkeit einer Person und besagt im wörtlichen Sinne, dass ihre Worte das Gewicht von neun dreifüßigen Kesseln haben.[14] Das *Taotie* gilt heute als einer der neun Söhne des Drachenkönigs, die alle mit verschiedenen Aspekten konnotiert sind und dementsprechend passende Orte wie Gebäude und Gegenstände verzieren.

Auch in Marburg schmückt ein chinesischer Dreifuß die Ethnographische Sammlung, dessen Bedeutung wir nun ein wenig näher gekommen sind, auch wenn sein Ursprung bis dato weiterhin verborgen bleibt. Die künstlerische Auseinandersetzung mit dem Bronzekessel machte es mir möglich, ihn mit all seinen Details zu verinnerlichen und, was anfangs fremd schien, zu einem Teil des Eigenen werden zu lassen. Die durch die Feldforschung im Marburger Kunstatelier angeregte Neugierde und Faszination für den imposanten Gegenstand mündeten in einem Studium seiner kulturellen Bedeutung und eröffneten mir den Zugang in eine fremde Objektwelt.

Literatur

Allan, Sarah 1991: *The Shape of the Turtle: Myth, Art, and Cosmos in Early China*. Albany: State University of New York.

Bagley, Robert W. 1990: „Shang Ritual Bronzes: Casting Technique and Vessel Design". In: *Archives of Asian Art* 43, 6-20.

Brinker, Helmut 1975: *Bronzen aus dem alten China: Museum Rietberg Zürich. Sonderausstellung im „Haus zum Kiel", 11. Nov. 1975 - 29. Febr. 1976*. Zürich: Museum Rietberg.

Burkert, Walter 1983: *The Anthropology of Ancient Greek Sacrificial Ritual and Myth*. Berkeley: University of California.

Chang, Tsung-Tung 1970: *Der Kult der Shang-Dynastie im Spiegel der Orakelinschriften*. Wiesbaden: Otto Harrassowitz.

Chen, Jianming; **Xu**, Jay; **Juliang**, Fu 2011: *Along the Yangzi River: Regional Culture of the Bronze Age from Hunan*. New York: Art Media Resources.

Chengyuan, Ma 1986: *Ancient Chinese bronzes*. Hong Kong: Oxford University.

Delbanco, Dawn Ho 1983: *Art From Ritual. Ancient Chinese Bronze Vessels from the Arthur M. Sackler Collections*. Washington, D.C.: The Arthur M. Sackler Founda-

---

13   Siehe www.shanghaimuseum.org/shanghaimuseum.htm (letzter Zugriff 15.08.2019).
14   一言九鼎 – yī yán jiǔ dǐng (https://chinese.yabla.com/chinese-english-pinyin-dictionary.php?) (letzter Zugriff 15.08.2019).

tion.

Fairbank, Wilma 1962: „Piece-Mold Craftsmanship and Shang Bronze Design". In: *Archives of the Chinese Art Society of America* 16, 9-13.

Fong, Wen (Hrsg.) 1980: *The great bronze age of China: an exhibition from the People's Republic of China.* New York: The Metropolitan Museum of Art.

Kerr, Rose 1990: *Later Chinese bronzes.* London: Bamboo.

Kuwayama, George 1976: *Ancient ritual bronzes of China: Los Angeles County Museum of Art, febr. 3 - april 26, 1976.* Los Angeles: Far Eastern Art Council of the Los Angeles County Museum of Art.

Lawton, Thomas (Hrsg.) 1991: *New Perspectives on Chu Culture during the Eastern Zhou Period.* Washington, D.C.: Sackler Gallery.

Lawton, Thomas 1982: *Chinese Art of the Warring States Period: Change and Continuity 480-222 B.C.* Washington, D.C.: Smithsonian Institution.

Lienert, Ursula 1979: *Typology of the TING in the Shang Dynasty. A tentative Chronology of the Yin-hsü Period.* Wiesbaden: Steiner.

Loewe, Michael; **Shaughnessy**, Edward L. (Hrsg.) 1999: *The Cambridge History of Ancient China: From the Origins of Civilization to 221 B.C.* Cambridge: Cambridge University.

Münzel, Mark (Hrsg.) 1988: *Die Mythen sehen: Bilder u. Zeichen vom Amazonas (in 2 Teilen).* Museum für Völkerkunde, Frankfurt am Main.

Nickel, Lukas 2006: „Imperfect Symmetry: Re-Thinking Bronze Casting Technology in Ancient China". In: *Artibus Asiae*, 66(1), 5-39.

Rawson, Jessica 1980. *Ancient China: art and archaeology.* London: British Museum.

Rawson, Jessica 1987: *Chinese Bronzes: Art and Ritual.* London: British Museum.

Rawson, Jessica 1996: *Mysteries of Ancient China: New Discoveries from the Early Dynasties.* London: British Museum.

Rüdenberg, Werner 1963 (3. erw. Aufl.): *Chinesisch-deutsches Wörterbuch/ Rüdenberg-Stange.* Hamburg : de Gruyter.

Smithsonian Institution, Freer Gallery of Art 1946: *A descriptive and illustrative catalogue of Chinese Bronzes.* Washington, D.C.: Smithsonian Institution.

Sullivan, Michael 2008: *The Arts of China.* Berkeley: University of California.

von Erdberg, Eleanor 1978: *Chinese Bronzes: from the collection of Chester Dale and Dolly Carter.* Ascona: Artibus Asiae.

Xueqin, Li 1980: *The wonder of chinese bronzes.* Beijing: Foreign Language.

Xu, Jay 2006a: „Shi Wang Ding. Notable Acquisitions at the Art Institute of Chicago". In: *Chicago: Art Institute of Chicago* 32 (1), 30-31.

Xu, Jay 2006b: Food Vessel (Fangding). In: Xu 2006a: 28-29.

Yang, Xiaoneng, (Hrsg.) 1999: *The Golden Age of Chinese Archaeology: Celebrated Discoveries from the People's Republic of China*. Washington, D.C.: National Gallery of Art.

Yang, Xiaoneng (Hrsg.) 2004: *New Perspectives on China's Past: Chinese Archaeology in the Twentieth Century*. New Haven: Yale University Press.

Zhongshu, Wang 1982: *Han Civilization*. New Haven: Yale University.

Zhongshu, Zhao 1992: „Round Sky and Square Earth (Tian Yuan Di Fang): Ancient Chinese Geographical Thought and its Influence". In: *GeoJournal*, 26 (2), 149-152.

*Abb. 1: Ding - Chinesischer Dreifuß der Ethnographischen Sammlung Marburg,
ehemals Wiesbadener Sammlung Nassauischer Altertümer;
in der Ethnographischen Sammlung Marburg seit 1967.*

Abb. 2: Zeichnung des Bronzekessels der Ethnographischen Sammlung Marburg, Schabnam Kaviany 2014, 70x100 cm, Graphit auf Karton.

*Abb. 3: Chinesischer Dreifuß
der Ethnographischen Sammlung Marburg.*

*Abb. 4: Bearbeitetes Foto des chinesischen Dreifuß
der Ethnographischen Sammlung Marburg.*

Abb. 5: „Abreibung eines Steinreliefs mit der „Hebung der neun Ting durch Ch'in Shih Huang-ti", Östliche Han-Dynastie, ca. 1.-2- Jh. n. Chr."
Zitat und Abb. in Brinker 1975: 18.

Abb. 6: Zeichnung des Taotie auf dem chinesischen Bronzekessel
der Ethnographischen Sammlung Marburg (Detail aus Abb.2): Schabnam Kaviany.

Abb. 7: Taotie auf dem chinesischen Bronzekessel
der Ethnographischen Sammlung Marburg.

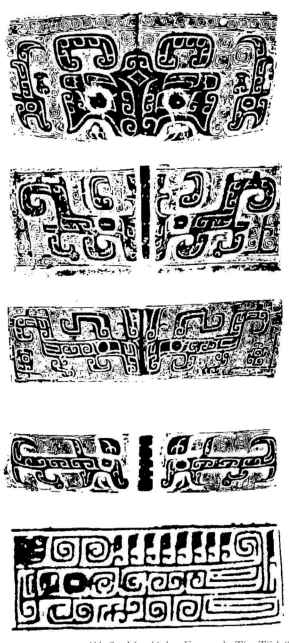

Abb. 8: „Verschiedene Formen des T'ao-T'ieh.",
Zitat und Abb. in Brinker 1975: 24.

Teil II

Altägypten in der Ethnographischen Sammlung[1]

Dagmar Schweitzer de Palacios

Unter den vorwiegend ethnographischen Objekten nehmen die Aegyptiaca[2] auf den ersten Blick eine „exotische" Stellung ein, die nicht auf deren zeitliche oder räumliche Distanz zurückzuführen ist, sondern eher auf eine westlich geprägte kulturhistorische Einteilung der Welt, die dem Alten Ägypten eine eigene wissenschaftliche Disziplin einräumt. Aus ethnologischer Perspektive haben sie aber durchaus eine wichtige Rolle in einer ethnographischen Sammlung, stehen sie doch als Grabbeigaben in Zusammenhang mit Weltbild und Glaubensvorstellungen und stellen einzigartige Zeugnisse kultureller und religiöser Praktiken im Umgang mit Leben und Tod dar. In dieser Hinsicht sind einige altägyptische Objekte, vor allem die so genannte Gold-Mumie aus der Ptolemäer-Zeit, in einschlägigen Ausstellungen der Ethnographischen Sammlung präsentiert worden.[3] Die Objekte geben außerdem Aufschluss über herrschende sozio-politische Strukturen und bieten nicht zuletzt Beweis (mumifizierungs-)technischen und künstlerischen Könnens.

Sammlungsgeschichtlich gehen die Aegyptiaca der Ethnographischen Sammlung vor allem auf zwei Quellen zurück. Ein bedeutender Teil, darunter die Mumie (s. u.), mehrere Tiermumien, eine hölzerne Mumienmaske und ein kleiner Tonkrug (Abb. 1), der aus dem Alten Reich (2700-2200 v. Chr.) datiert und somit das älteste Objekt der Ethnographischen Sammlung überhaupt darstellt, stammen aus dem Besitz der Sammlung Nassauische Altertümer Wiesbaden. Nach Marburg gelangten sie 1967 im Zuge der Auflösung einer Teilsammlung „alter, völkerkundlicher" Gegenstände, die in dem Museum, „das vorwiegend die Bodenaltertümer Hessens umfaßt [sic] [...] nur magaziniert und ohnehin fehl am Platz sind", wie es in einem Schreiben vom 23.03.1965 des damaligen Leiters der Völkerkundlichen Samm-

---

1   Ich danke Herrn Mark Münzel, Leiter des Fachgebiets und der (damals) Völkerkundlichen Sammlung von 1989-2008 für die kritische Durchsicht des Textes. Ebenso danke ich Herrn Orell Witthuhn, Seminar für Ägyptologie und Koptologie der Georg-August-Universität Göttingen, für die ägyptologische Expertise.

2   Im Rahmen eines Praktikums arbeitete der damalige Student Herr Langner 2007 den Bestand an ägyptischen Objekten der Ethnographischen Sammlung auf.

3   Z. B. „Leben vor und mit dem Tod" 1993, Archiv der Ethnographischen Sammlung.

lung Horst Nachtigall an den Verwaltungsdirektor der Philipps-Universität heißt. Zur Sichtung und Schätzung dieser Gegenstände schickte er eigens seinen wissenschaftlichen Assistenten Paul Hilbert nach Wiesbaden, der jedes einzelne Objekt auflistete und bewertete („Objekterwerb 1960er", Archiv der Ethnographischen Sammlung).

Leider ließen sich abgesehen von den alten Inventarnummern einiger Tiermumien[4] bislang kaum Belege zu den ägyptischen Stücken aus der Wiesbadener Zeit auffinden, so dass nur im Falle der Mumie Herkunftsort und -kontext rekonstruiert werden konnten. Ein wichtiger Hinweis zur Identifizierung der Mumie bietet der Brief des Pastors Wedemann an Doktor Stern, datiert in Kairo am 05. Juni 1896, der zugleich ihre damalige rechtmäßige Ausführung dokumentiert.[5]

Die anderen Objekte, so die beiden Mumienaufsätze (Abb. 3), ein steinerner Löwenkopf und mehrere teilweise gefälschte Uschebti-Figuren (Abb. 2) hinterließ der private Sammler Hermann J. Wamper der Ethnographischen Sammlung 1988 als Dauerleihgabe.[6] Wamper hatte seine Sammlung als Erbschaft eines Geistlichen aus Ruhpolding bekommen (persönliches Gespräch Frau Wamper, 05.03.2012), der sie offensichtlich über den Kunsthandel erworben hatte, denn angeklebte Zettel auf den Masken weisen auf den Kauf in einem Kairoer Antiquitätenladen hin.[7]

Wie der ebenfalls gefälschte Skarabäus (Abb. 4) in die Ethnographische Sammlung gelangt ist, lässt sich aus vorhandenem Dokumentationsmaterial gar nicht mehr feststellen. Er trägt eine CEM-Nummer, das heißt eine Nummer der „Colectio Ethnologico Marburgensis", des ersten Inventarisierungsbuches der Ethnographischen Sammlung, unter welcher sich lediglich die Eintragung „Skarabäus aus Kreide (Gips?), auf der Unterseite ägyptische Schriftzeichen" findet. Die Fälschungen sind im Übrigen ethnologisch interessant, denn in ihnen reflektiert sich, wie festumschriebene, kulturspezifische Objekte im Laufe der Geschichte völlig andere Bedeutungsinhalte erlangen können und aus ihrem ursprünglichen zeitlichen und räumlichen Kontext gelöst zu Wert- und Sammlungsobjekten generieren, in den

---

4   In diesem Zusammenhang danke ich Herrn Dominik Fischer, Klinik für Vögel, Reptilien, Amphibien und Fische an der Justus-Liebig-Universität Giessen, für die Bestimmung der Vogelmumien. Demnach handelt es sich vermutlich um eine Mumie eines Bussards oder Habichts (eventuell auch Milan oder Weihe), bei einer weiteren um die eines Sperbers oder Turmfalken und bei einer dritten um einen Sperber (Schreiben vom 13.06.2017).

5   Siehe „Die Mumie", und „Aegyptiaca", Archiv der Ethnographischen Sammlung.

6   Die Einschätzungen ob echt oder gefälscht erfolgte durch Orell Witthuhn. Ausschlaggebend zur Bestimmung sind Material und korrekte Schreibweise der Hieroglyphen.

7   Der Text ist in arabischen Schriftzeichen verfasst. Auch hier handelt es sich um eine Auskunft von Orell Witthuhn.

Kreislauf wirtschaftlicher Marktgefüge gelangen und zu guter Letzt ein Spezialistentum für professionelle Imitationen hervorbringen.

Die Geschichte der Mumie seit ihrer Verlagerung in die Ethnographische Sammlung ist eine Geschichte für sich, wie ein umfangreicher Schriftwechsel und unterschiedliche Bildmaterialien in einem eigens angelegten Aktenordner „Die Mumie" dokumentieren. Denn in den ersten zwei Jahrzehnten ihres Marburger Daseins diente die Mumie als Studien- und Anschauungsobjekt für die Studierenden der damaligen Völkerkunde. Bezeichnenderweise ist für diese eher das unsichtbare Innere von Interesse als die nach außen hin kunstvolle vergoldete Stuckverzierung. So erinnert sich eine ehemalige Studierende, die Idee der 1970er und 80er Jahre sei in etwa der „sezierende Blick" gewesen, „Tradition seit der Aufklärung" (Georgia Rakelmann, persönliche Mitteilung 24.01.2011).

Die Mumie, die das ausgehende 19. Jahrhundert mit seinen „Auswickelparties" überlebte und auch dem Schicksal der Verfeuerung entging, zeigt zusätzlich zu Transportschäden schwerwiegende Zerstörungsmerkmale (Abb. 5).[8] Besonders deutlich treten diese auf den Röntgenaufnahmen der Mumie zu Tage, die Anfang der 1980er Jahre von Frau Dr. Glanz in der HNO Klinik Gießen gemacht worden sind.[9] So ist der Kopf mit einem Nagel am Körper befestigt, wahrscheinlich ein Versuch der Stabilisierung, der während der diesseitigen Reisen der Mumie zwischen Ägypten, Wiesbaden und Marburg unternommen wurde.[10]

Herr Axel Friehoff, damaliger wissenschaftlicher Mitarbeiter in der Sammlung, wendet sich bereits 1981 auf Anraten der Ägyptologin Bettina Schmitz vom Pelizaeus-Museum in Hildesheim, die er zwecks Alters- und Herkunftsbestimmung der Mumie angeschrieben hatte (Brief Friehoff an Schmitz, 08.09.1981), an Florian Rödl, Restaurator der Staatlichen Sammlung Ägyptische Kunst in München (Brief Friehoff an Rödl, 23.09.1981). Auf seine Frage, wie man den weiteren Verfall des Objektes aufhalten könne, kommen postwendend einige aus heutiger Sicht wohl recht fragwürdige praktische Vorschläge:

> Selbstverständlich helfen wir zusammen der Mumie ein würdigeres und gesünderes „Aussehen" zu verschaffen. […] Ohne besonderes Risiko können Sie mit Calaton CB [..] in Brennspiritus gelöst, etwa eine 5% Lösung die Arbeit starten. Nehmen Sie ein Jenaer-Glas, einen Heizkocher, mit Wärme

---

8 Die Abbildungen 5 bis 8 zeigen die Hülle der Mumie während ihrer Restaurierung. Es handelt sich um Fotografien aus dem Jahr 1987. Auf das Abbilden der Mumie selbst wurde im vorliegenden Band bewusst verzichtet.

9 Die Bilder befinden sich im Archiv der Ethnographischen Sammlung, allerdings ohne Befundung.

10 Hinweis Orell Witthuhn.

löst es sich schneller. […] Sie können jetzt die aus der Lage gebrachten Binden mittels Pinsel und Lösung erstmals anweichen und dann in die richtige Lage bringen, Farben und Stuckschicht festigen und sollten am nächsten Tag irgendwelche Stellen glänzen, dann bitte mit Watte auf Holzstäbchen aufgedreht und reinem Spiritus oder Aceton vorsichtig das glänzende oder störende „Zuviel" abtupfen. (Brief Rödl an Friehoff, 05.10.1981)

1983 holt Friehoff schließlich einen Kostenvoranschlag zu einer professionellen Restaurierung ein (Brief Friehoff an Rödl, 17.10.1983, Antwort Rödl, 11.11.1983). Einer Aktennotiz zufolge wird die Mumie am 26.02.1985 dann nach München transportiert, nachdem die Marburger Universität die Kostenübernahme der auf 20.000 DM veranschlagten Restaurierung und des Transports bewilligt hatte (Schreiben Nachtigall, 24.09.1984), aufgrund der Argumentation Horst Nachtigalls, Mumien hätten „in Deutschland einen gewissen Seltenheitswert".

Die Restaurierung der Mumie ist nicht nur kostenintensiv, sondern auch kompliziert und zeitaufwendig, so dass sie sich über einige Jahre hinzieht (Abb. 6 bis 8). Nach anfänglichem Widerwillen willigt Restaurator Rödl ein, den Prozess seiner Bemühungen fotografisch zu dokumentieren (Brief Rödl an Friehoff, Januar 1986). Seine Arbeit an der Mumie, die er in seiner Freizeit durchführt, beschreibt Rödl als „Viecherei", denn es bereite große Schwierigkeiten, „den eingedrungenen Schmutz aus der Stoffdecke zu bekommen, ohne die wichtigen Stuckreste […] zu gefährden" (Brief Rödl an Friehoff, 14.05.1986). Ein Problem stellt das ziemlich zerstörte Gesicht dar, das Rödl vor die Wahl zwischen einer ästhetischen oder einer eher originalgetreuen Nachbildung stellt. Rödl, der sich an der Kopfform der darunter liegenden Mumie orientiert, ist bis zum Schluss unsicher, „ob ein mehr rücksichtsloses Verhalten, also gegen jede geschulte restauratorische Tätigkeit in diesem Fall wegen eines noch besseren Aussehens des Gesichtes nicht besser gewesen wäre" (Schreiben Rödl an Nachtigall, 04.06.1987). Erschwerend kommt hinzu, dass nachträglich ein Stoffstreifen mit Stuckierung auftaucht, der zwar wiederangesetzt werden kann, aber zu einer Verschiebung der Gesichtszüge führt (Brief Rödl an Friehoff, 10.08.1987).

Verzögert wird die Restaurierung außerdem durch das Ansinnen gleich zweier Interessenten, die Mumie zu röntgen und die sich in ihrem Inneren befindlichen Teile naturwissenschaftlich zu untersuchen, denn auch die Spezialisten beherrscht das Verlangen, in die Mumie zu blicken (Schreiben Nachtigall an Dekan, 17.09.1986). Ein entstehender Interessenkonflikt zwischen einem Biologen der Frankfurter Universität und einem Kollegen vom Institut für Anthropologie und Humangenetik in München löst sich schließlich durch den Tod des Frankfurter Wissenschaftlers. Die Mumie wird in München geröntgt und reist dann für eine computertomografische Untersuchung nach Erlangen (Mai 1987). Unter der Bedingung, entstehende Schäden wieder zu beheben, wird einer Öffnung der Mumie und weiteren Untersuchungen zugestimmt, denn in ihrem Bauch- und Brustraum befinden sich Bindenpäckchen undefinierbaren Inhalts (Schreiben Friehoff an Parsche [Universität München], 16.09.1987). Leider ist über die Untersuchungsergebnisse nichts bekannt, es liegen keine Befundungen vor, ebenso wenig können trotz mehrfacher Nachforschungen die CT-Aufnahmen und Röntgenaufnahmen des Münchner Instituts aufgespürt werden.[11]

Die Mumienhülle geht derweil andere Wege. Restaurator Rödl hat sie zwecks „kunsthistorischer Durchleuchtung" zunächst Prof. Dietrich Wildung, Kunsthistoriker und Sammlungsleiter der Staatlichen Sammlung in München (Schreiben Rödl an Nachtigall, 25.12.1986), dann an Dr. Alfred Grimm, „Spezialist für die passende Epoche" übergeben (Schreiben Rödl an Friehoff, 10.08.1987). Ihre Begutachtung scheint relativ schnell abgeschlossen zu sein, denn der Rücktransport nach Marburg findet bereits am 16.10.1987 statt (Antrag Nachtigall auf Fahrdienst). Unter Beisein der Presse präsentiert sich die Mumienhülle im Frühjahr 1988 mit neuem Glanz der Marburger Öffentlichkeit, wie folgender Pressebericht schildert:

> Die Marburger Völkerkundliche Sammlung der Philipps-Universität unter der Leitung von Prof. Dr. Horst Nachtigall fügt ihrer attraktiven Ausstellung einen neuen Glanzpunkt hinzu. Nachdem im Februar und März dieses Jahres eine Sonderausstellung über die umfangreichste deutsche Sammlung taraskischer Figuren-Keramik aus Mexiko in den Sammlungsräumen in der Kugelgasse 10 zu sehen war, wurde nun die Dauerausstellung der Völkerkundlichen Sammlung mit ihren Abteilungen für Afrika, Amerika, Asien, Australien, Madagaskar, Neu Guinea und Ozeanien um eine ägyptische Abteilung erweitert. (Oberhessische Presse 16.04.1988)

Eineinhalb Jahre später, im November 1989 wird auch der Korpus nach Marburg zurücktransportiert, Hülle und Mumie werden wiedervereinigt und in einer eigens angefertigten Glasvitrine im Eingangsbereich des Völkerkundlichen Seminars ausgestellt. An der Wand gegenüber der Eingangstür hängt zusätzlich die Röntgenaufnahme der Mumie, auf die der Blick jedes*jeder Eintretenden unweigerlich fallen muss.

In den folgenden Jahren dürfen sich wieder die Studierenden der Mumie widmen, allerdings unter anderen Vorzeichen: die Mumie mit Hülle verbleibt in ihrem Glaskasten, Berührungen ausgeschlossen. Auch das Archivmaterial über die Mumie

---

11   Anfrage Mark Münzels in der Nachfolge Horst Nachtigalls, bzw. seiner Mitarbeiterin an Wolfgang Pahl, Tübinger Radiologe und Mumienspezialist, der von dem Münchner Franz Parsche die Bilder zur Auswertung bekommen hatte (29.11.1989), sowie eine erneute Anfrage seitens der Marburger Ägyptologie (28.08.1994). Offensichtlich scheint es aber nie zu ihrer Auswertung gekommen zu sein.

ist unter Verschluss. Dennoch entstehen interessante Projekte, die die Ergebnisse heutiger wissenschaftlicher Veröffentlichungen teilweise vorwegnehmen. In Vorbereitung der bereits genannten Ausstellung „Leben mit und vor dem Tode. Todesbilder im interkulturellen Vergleich" (Februar 1993 – Dezember 1998) findet unter Leitung von Mark Münzel und Sabine Beer das Seminar zur „Konzeption einer Ausstellung über den Tod" (Wintersemester 1992/93) statt, zu welchem eine Arbeitsgruppe das Thema Altägypten bearbeitet. Die Referentin Hilde Steinmetz, damals im zweiten Studiensemester, geht in ihrem Referat „Ägypten – Von der Sehnsucht nach Unsterblichkeit" zunächst der zeitlichen Einordnung der Mumie nach, die in den 1980er Jahren auf 100 nach Christus datiert wurde.[12] Es gelingt Steinmetz durch akribische Nachforschungen die bis dahin geltende Datierung zu korrigieren. Ihre Ergebnisse stützen sich auf Indizien aus der angewandten Mumifizierungspraxis und stilistischen Gestaltung sowie auf Studien von Vergleichsobjekten, die auch die Provenienz der Mumie eingrenzen: Neu-Datierung auf 100 vor Christus „aufgrund der stilistischen Ähnlichkeit mit einer Mumienabdeckung aus der Provinz Akhmin, ptolemäischen Periode (Britisches Museum Reg. No. 29782)". Sie sind inzwischen von ägyptologischer Seite her bestätigt bzw. weiter eingegrenzt worden (Hinweis Orell Witthuhn).

Im zweiten Teil ihrer Arbeit beschäftigt sich Steinmetz mit der Frage, ob menschliche Überreste überhaupt ausgestellt werden sollten, eine Frage, die auch im Seminar diskutiert und von einigen als Ausdruck des eigenen Ethnozentrismus bezeichnet worden war. Diesem Ansatz entsprechend bilden die jeweiligen ethnischen und kulturellen Konzepte zum Thema Tod und Jenseits die wesentlichen Kriterien, die eine öffentliche Ausstellung von Mumien möglich machen oder nicht. Vor diesem Hintergrund versucht sich Steinmetz „in die Gedanken- und Glaubenswelt der alten Ägypter einzufühlen, und aus der Perspektive der oder des mumifizierten Verstorbenen eine Antwort [...] zu finden", wenn auch mit einigem Unbehagen, da sie sich der Undurchführbarkeit ihres Ansinnens bewusst ist. Sie setzt sich detailliert mit den altägyptischen Todesvorstellungen auseinander und unterbreitet gemeinsam mit ihrer Arbeitsgruppe folgenden Vorschlag, der auch in die Praxis umgesetzt wird: Um den im Seminar formulierten ethischen Ansprüchen an die Präsentation der Mumie genügen zu können, wird die Mumie in der Mitte des Ausstellungsraumes in einer mit schwarzen Tüchern abgedunkelten Kammer präsentiert, in die man nicht wie unwillentlich hineingerät, sondern nur, wenn man es will. Die Kammer wird zudem nur sparsam beleuchtet. Mit Bezug auf altägyptische Ritual-

---

12   Ich danke Frau Hildegard Steinmetz für die Überlassung ihres Referats und einiger ergänzender Anmerkungen (21.03.2012), die Aufschluss über den Umgang mit der Mumie in den 1990er Jahren geben.

praktiken besteht zudem Einigkeit, dass

> wir die „Marburger Mumie" nur dadurch besänftigen und wahrlich würdigen konnten, indem wir sie in einer Performance (im Kontext der im Institut damals aufkommenden Diskussion um theateranthropologische Ansätze) im Ausstellungsraum, zu dem wir die SeminarteilnehmerInnen mit 200 …Teelichten leiteten, einem Wiederbelebungsritual mittels Rezitation aus dem Totenbuch unterzogen. (Steinmetz, 21.03.2012)[13]

Der respektvolle Umgang mit der Mumie sollte auch in dem Ausstellungskonzept von Volker Beer ein entscheidendes Kriterium darstellen, der der Mumie, nach einigen Jahren ihres Standortes im Gang einen separaten Bereich in den Räumlichkeiten des Faches verschafft. Beer dekoriert die Wände als Nachthimmel und stellt die Geschichte der Mumifizierung und ihren mythisch-religiösen Hintergrund in Schrifttafeln zusammen, die er mit Zitaten aus dem Ägyptischen Totenbuch und aus archäologischen Büchern bereichert. Unter Verwendung des Archivmaterials der Ethnographischen Sammlung widmet Beer eine Texttafel der Geschichte der „Marburger Mumie". Außerdem setzt er sich mit den wissenschaftlichen Untersuchungsmethoden von Mumien und ihrer Bedeutung auseinander und geht auf die Kapitel Mumienmissbrauch und Ausstellungsethik ein:

> Der jetzige Standort der ‚Marburger Mumie' ist ein Kompromiss zwischen dem Wunsch, sie interessierten Besucherinnen und Besuchern nicht völlig vorenthalten zu wollen, und dem Anspruch, sie in einem geschützten, ‚intimen' Rahmen zu präsentieren, der eine für Mumien respektvolle Betrachtung fordert. (Ausstellungstext Beer, 2003)

Nach wie vor führen Mumienausstellungen zu heftigen Debatten innerhalb der Fachwelt. Die Positionen bewegen sich zwischen zwei Extremen, die sich aus unterschiedlichen Perspektiven dem Problem annähern. Dabei werden einerseits ethische Bedenken angemeldet, andererseits wird auf die Rechtmäßigkeit des Erwerbs oder auch auf das Nichtvorhandensein direkter ethnischer oder kultureller Nachfahren verwiesen. Die Bemühungen von Steinmetz und Beer sind zwei Beispiele für die Thematisierung und Präsentation der Mumie im Kontext ethnologischer Forschung und Lehre, die beide vor allem die Wahrung ethischer Ansprüche in den Vordergrund stellen. In der Ethnographischen Sammlung sollen durch ein entsprechendes Konzept gerade diese Ansprüche an die Besuchenden vermittelt werden. Hier spiegelt sich zuletzt auch die Entwicklung der Fachgeschichte wider, die die Marburger Mumie vom bloßen Untersuchungsobjekt zu einem gewürdigten Toten aufsteigen lässt.

---

13   Die Idee der Performanz war einem Kommilitonen von Steinmetz entsprungen und beruht auf theaterethnologischen Ansätzen.

Dieses Anliegen ist auch nach dem Umzug in die neuen Räumlichkeiten der Sammlung ein wichtiges Thema. Im Rahmen der Lehrveranstaltung: „Darf das in die Vitrine? Ethische Fragestellungen und ethnologische Ausstellungspraxis" (2014/15) trennen die teilnehmenden Studierenden im großen Magazinraum einen Bereich für die Mumie ab und erwerben ein die Vitrine umhüllendes dunkles Tuch, um der Toten entsprechende Ruhe zu gewährleisten (Abb. 9).

In jüngster Zeit eröffnet interdisziplinäre Forschung zudem ganz neue Forschungsperspektiven. Radiologische Untersuchungen einer ebenfalls aus der Provinz Akhmin stammenden Mumie haben beispielsweise gezeigt, dass der in diesem Fall weibliche Leichnam vor einer sorgfältig durchgeführten Mumifizierung wohl einige Zeit im Wasser gelegen hat (vgl. Chan; Elias; Hysell; Hallowell 2008). Außerdem folgte die Behandlung des Körpers altägyptischen Vorschriften, im Nil ertrunkene oder angeschwemmte Personen besonders fürsorglich einzubalsamieren. Zugleich fehlt aus ägyptologischer Sicht auf dem sonst aufwendig verzierten Sarkophag der Personenname der Verstorbenen, der folglich den Bestattern unbekannt war (ebd.: 2023). Die Ergebnisse beider Fachdisziplinen zusammengenommen scheinen zu bestätigen, dass es sich bei der Toten um eine Ortsfremde handelte. Offensichtlich spielte das für die Begräbnispraktiken keine Rolle, für die eher die Todesursache relevant war. Der Aspekt der Fremdbestattung stößt wiederum auf das Interesse der Kultur- und Sozialanthropologie, die als Wissenschaft den Umgang mit dem „Nicht-Eigenen", sprich „Fremden", in den Blick nimmt und sich aus dieser Perspektive dem beschriebenen Fallbeispiel annähert. Eine nach heutigen Standards durchgeführte Untersuchung der Marburger Mumie steht noch aus – wer weiß, welche Überraschungen dabei zu Tage treten können?

Literatur

Chan, Steve S.; **Elias**, Jonathan P.; **Hysell**, Mark E.; **Hallowell**, Michael J. 2008: CT of a Ptolemaic Period Mummy from the Ancient Egyptian City of Akhmim. In: *Radio Graphics* 28: 2023-2032. Online: 10.1148/rg.287085039 (letzter Zugriff 17.08.2019).

Kraus, Michael 2001: „…ohne Museum geht es nicht'. Zur Geschichte der Völkerkunde in Marburg. In: Voell, Stéphane (Hrsg.): *„…ohne Museum geht es nicht. Die Völkerkundliche Sammlung der Philipps-Universität Marburg*. Curupira Workshop 7. Marburg: Curupira, 31-65.

Steinmetz, Hildegard 1992: *Ägypten –Von der Sehnsucht nach Unsterblichkeit*. Referat im Rahmen des Völkerkundlichen Seminars: Konzeption einer Ausstellung über den Tod, Leitung Mark Münzel und Sabine Beer. Marburg. [Unveröffentlicht].

Archiv der Ethnographischen Sammlung:

Akten „Aegyptiaca", darin:

Langner, Christian 2007: Die Aegyptiaca der Völkerkundlichen Sammlung der Philipps-Universität Marburg. Manuskript.

Akten „Die Mumie", darin:

Korrespondenz Pastor Wedemann - Doktor Stern, 05.06.1896.

Korrespondenz Horst Nachtigall Verwaltungsdirektion Universität Marburg: 23.03.1965; 24.09.1984; Horst Nachtigall - Dekan 17.09.1986.

Korrespondenz Axel Friehoff - Bettina Schmitz, Pelizaeus-Museum Hildesheim 08.09.1981.

Korrespondenz Axel Friehoff - Florian Rödl, Restaurator der Staatlichen Sammlung Ägyptische Kunst München 23.09.1981; 17.10.1983; Januar 1986.

Florian Rödl - Axel Friehoff 05.10.1981; 11.11.1983; 14.05.1986; 10.08.1987; 10.08.1987.

Florian Rödl - Horst Nachtigall 04.06.1987; 25.12.1986; Fotos Abb. 5 bis 8.

Korrespondenz Axel Friehoff – Franz Parsche, Institut für Anthropologie und Humangenetik, Universität München 16.09.1987, 26.06.1989.

Korrespondenz Mark Münzel/ Bettina Schmidt – Wolfgang Pahl, Institut für Anthropologie und Humangenetik Tübingen 29.11.1989.

Wolfgang Pahl - Mark Münzel/Bettina Schmidt 14.01.1990.

Korrespondenz R. Renz, Fachgebiet Ägyptologie der Universität Marburg – Wolfgang Pahl 28.08.1994.

Wolfgang Pahl – R. Renz 25.11.1994.

Oberhessische Presse 16.04.1988.

Akten „Leben vor und nach dem Tod", darin:

Ausstellungstexte und Fotografien der gleichnamigen Ausstellung.

Akten „Objekterwerb 1960er", darin:

Liste der zum Kauf angebotenen völkerkundlichen Gegenstände der „Sammlung Nassauische Altertümer", Museum der Stadt Wiesbaden.

Altes Inventarisierungsbuch - CEM.

Abb. 1: Krug, Altägypten; ehemals Wiesbadener Sammlung Nassauischer Altertümer; seit 1967 in der Ethnographischen Sammlung Marburg.

Abb. 2: Ushebti Figuren; Dauerleihgabe Wamper, seit 1988 in der Ethnographischen Sammlung Marburg.

Abb. 3: Mumienmaske; Dauerleihgabe Wamper;
seit 1988 in der Ethnographischen Sammlung Marburg.

*Abb. 4: Skarabäus; Sammler*in unbekannt;*
gehört zu den vorkriegszeitlichen Objekten.

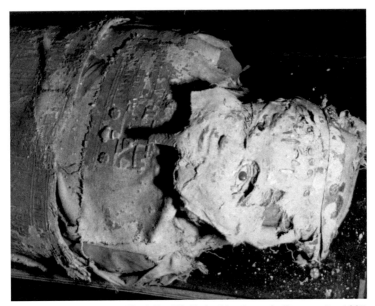

Abb. 5: Die Hülle der Mumie vor der Restauration 1987.

Abb. 6: Die abgelöste Gesichtsmaske bei der Reinigung 1987.

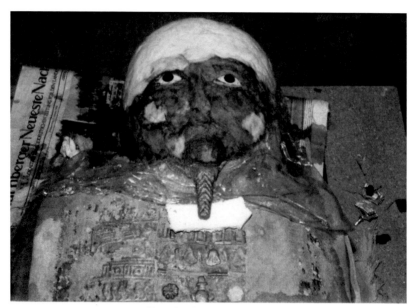

Abb. 7: Modellierung des Untergrundes für das Diadem 1987.

Abb. 8: Restaurierte Gesichtsmaske 1987.

Abb. 9: Die Goldmumie im neuen Magazin der Ethnographischen Sammlung.

Geschichte(n) um Altäre. Neue sakrale Objekte in der Ethnographischen Sammlung der Universität Marburg

Lioba Rossbach de Olmos

Die Marburger Kultur- und Sozialanthropologie hat im Jahre 2012 insgesamt 15 Altäre in ihre Ethnographische Sammlung integriert.[1] Diese Auswahl stammt von der Ausstellung „Altäre: Kunst zum Niederknien", mit der der Düsseldorfer Kunstpalast nach umfangreichen Sanierungsarbeiten 2001 seine Pforten wieder eröffnete.[2] Insgesamt waren 66 Sakralinstallationen zu sehen, die der Kunstpalast unter Leitung von Jean-Herbert Martin vom 02. September 2001 bis zum 6. Januar 2002 präsentierte. Neben Leihgaben war das Gros der Altäre Kopien von Originalen aus allen Teilen der Erde. Über drei Stockwerke und vier Ausstellungshallen verteilt, wurden sie nach einem geografischen Ordnungsschema gezeigt.[3] Jahre nach Ende der Ausstellung erhielt die Marburger Ethnographische Sammlung 15 dieser Altäre als Schenkung, die mehrheitlich zum regionalen Schwerpunkt der universitären Kultur- und Sozialanthropologie passten: Lateinamerika und Karibik. Sieben der übernommenen Altäre sind afroamerikanischen Ursprungs, drei davon stammen aus Brasilien und vier aus Kuba. Drei kommen von indigenen Gemeinschaften und auf zwei haben mehrere Glaubenssysteme Einfluss genommen.

Die Exponate aus Lateinamerika und der Karibik stellt der vorliegende Artikel vor.[4] Dazu werden die Altäre beschrieben und soweit als möglich Hintergründe zum Erwerb für die Düsseldorfer Ausstellung aufgezeigt. Es geht dabei um die

---

1 Ein weiterer Altar kam im September 2018 in die Sammlung, auf ihn wird in diesem Artikel nicht eingegangen. Siehe unten.

2 Einen kurzen Überblick über die komplexen organisatorischen und institutionellen Rahmenbedingungen liefert Radziewsky 2001. Vgl. auch Irmer 2003.

3 In einer Halle im Parterre befanden sich ausschließlich Altäre aus Asien. In zwei Hallen im ersten Obergeschoss waren neben weiteren asiatischen Altären solche aus Ozeanien, Amerika und Afrika zu sehen. Weitere Altäre aus Amerika teilten sich mit Europa eine Halle im zweiten Stock. Das geografische Ordnungsschema wurde nicht zuletzt aufgrund des Platzbedarfes bestimmter Installationen verschiedentlich unterbrochen, die trotz inhaltlicher Nähe voneinander entfernt präsentiert wurden.

4 Die Religionskundliche Sammlung der Philipps-Universität erhielt ebenfalls Altäre, darunter auch aus Mexiko. Auf diese wird hier nicht weiter eingegangen.

Grundlagen der jeweiligen Religion, aber auch um die Fachleute, die den Kontakt zu den Priester*innen der Altäre herstellten und die für den Ausstellungskatalog Beiträge lieferten. Für diesen Artikel wurden Zusatzinformationen zu den Priester*innen zusammengetragen, um so die jeweiligen Altäre in einen breiteren Kontext zu stellen. Ihr neuer Aufenthaltsort in Marburg prägt im Übrigen auch den Zugang zu den Altären: Sie werden hier aus einer ethnologischen und nicht aus einer kunsttheoretischen Perspektive betrachtet.[5]

Zunächst jedoch werden einige Details zur Vorgeschichte der Düsseldorfer Altäre-Ausstellung geschildert. Hier kommen vor allem kunsttheoretische Überlegungen zur Sprache, die die unterschiedlichen Perspektiven von Kunst und Ethnologie und daraus entstehende Problematiken sichtbar machen.

Von „Magiciens de la Terre" zur „Kunst zum Niederknien"

Die Vorgeschichte der Altäre-Ausstellung reicht bis zur legendären Pariser Schau „Magiciens de la Terre" aus dem Jahre 1989 zurück, die auch Jean-Herbert Martin kuratiert hatte und die ihrem Anspruch nach das erste Mal wirklich internationale Kunst zeigte. Sie wird aus diesem Grunde hier eingangs behandelt.

Die „Magier der Erde" zeigte Arbeiten von 104 Künstler*innen, die annähernd paritätisch aus den Zentren *westlicher* Kunst und der Peripherie ausgewählt worden waren, also nach europäischer und nordamerikanischer sowie außereuropäischer Herkunft (Cohen-Solal 2014). Dies sollte mit dem überkommenen Eurozentrismus des Kunstbetriebes und seinem kolonialistischen Erbe brechen. Obgleich die Besucherzahlen mit 300.000 vergleichsweise gering ausfielen, erregte die Ausstellung Aufmerksamkeit und war von intensiven Kontroversen begleitet. Erstmals sei eine globale Kunstschau geschaffen worden. Die Auswahlkriterien der Exponate blieben jedoch undurchsichtig, und es wurde über die Auswahl der außereuropäischen Werke Folgendes berichtet: „Mit einem Beraterteam bereiste der Kurator alle fünf Kontinente, besuchte sowohl akademisch ausgebildete Künstler*innen als auch Autodidakten vor Ort und beugte sich bei seiner Objektauswahl keiner Unterscheidung zwischen Kunst und Handwerk" (Friedel 2016). Die Wahl fiel auf Künstler*innen, die teils mittlerweile einen internationalen Bekanntheitsgrad erlangt haben, wie Chéri Samba oder der 2013 verstorbene Maestre Didi, der auch Priester der afrobrasilianischen Religion des Candomblé war. Daneben wurden aber auch Kollektive ausgesucht, die eher dem traditionellen Kunsthandwerk an-

---

5 Für wertvolle Hinweise beim Verfassen dieses Beitrages danke ich der Kuratorin der Marburger Ethnographischen Sammlung Dr. Dagmar Schweitzer de Palacios und Susanne Halbmayer.

gehörten als dem modernen Kunstbetrieb. Gerade dies sollte nach den Kriterien des Kurators die bedingungslose Gleichberechtigung der Kunstschaffenden dieser Welt garantieren. Die Erschaffer traditioneller Kunst sollten sich außerhalb ihres herkömmlichen Kontextes in dem vermeintlich wertneutralen Raum des Museums einem demokratischen Vergleich stellen.

25 Jahre später kam es zu einer Rückschau, die sich noch einmal dem historischen Kontext und der kunsttheoretischen Diskussion zuwendete, aber auch der Person des Ausstellungsmachers (Cohen-Solal 2014; Madzoski 2015; Murphy 2013). Das Centre Pompidou, der zentrale Ausstellungsort von „Magiciens de la Terre", organisierte 2014 eine Archivausstellung und mehrere Veranstaltungen (vgl. Cohen-Solal 2014; Grimm-Weissert 2014). Bemerkenswert ist, dass viele der aus Anlass der Rückschau vorgetragenen Argumente auch auf die Düsseldorfer Altäre-Ausstellung anwendbar sind.

Es lassen sich eine ganze Reihe Parallelen zwischen beiden Ausstellungen erkennen, nicht zuletzt was die Rahmenbedingungen angeht. Jean-Herbert Martin hatte schon früh über das Format einer „wirklich" internationalen Ausstellung nachgedacht, doch erst am Ende der 1980er Jahre ergaben sich dafür die geeigneten Bedingungen. Das Ende des Kalten Krieges ordnete die internationalen Machtverhältnisse neu, beendete das vormalige Blockdenken und machte die starren Grenzen durchlässig. Die Globalisierung fand erst hier die Bedingungen für ihre weltweite Durchsetzung, und dies galt auch für den Kunstsektor. Dieser sollte nicht nur eine Ausweitung der Institutionen zeitgenössischer Kunst von Biennalen bis hin zu Museen erfahren (Madzoski 2015: 2), sondern sich auch zunehmend international ausrichten. Gleichzeitig hatte der Kapitalismus den Sieg über den Kommunismus errungen. Der Markt, Marktmechanismen und der Privatsektor sollten den Staat in neoliberalen Schranken halten. Dies galt für beide Ausstellungen gleichermaßen. Beide wurden mittels Public-Private-Partnership finanziert und wären ohne finanzielle Beteiligung von finanzkräftigen Firmen nicht möglich gewesen (vgl. Madzoski 2015: 4).

Für die kunstwissenschaftliche Debatte ist ein Aspekt von Bedeutung. In den 1990er Jahren erlangte die Ethnologie vorübergehend den Rang einer Leitwissenschaft (Kohl 1993). In dieser Zeit wurde sie oft herangezogen, wenn es darum ging, sich der Welt in ihrer neuen Globalität zu nähern (Madzoski 2015: 3). Davon war bald auch die Funktion des Kurators oder der Kuratorin beeinflusst. Er hatte nun eine große geografische Vielfalt zu überschauen, was ihn zu einer Art visuellem Anthropologen machte. Er wurde vom Meinungsbildner zum Kulturanalysten (vgl. Madzoski 2015: 3). Martin war für diese Entwicklung ein Wegbereiter. Er arbeitete früh mit Anthropolog*innen zusammen (Buchloh 1989: 154), um sein zentrales Anliegen durchzusetzen, die Kunst in einen Dialog mit anderen Kulturen zu bringen.

Allerdings machte Martin schon bei der „Magiciens de la Terre"-Ausstellung deutlich, dass er weder der Ethnologie aufgrund ihrer Expertise für Kulturen noch der Politik als Instanz für Demokratisierung die Eignung zum Kuratieren zusprach. Diese Kompetenz konnte aus seiner Sicht nur die Kunst beanspruchen. Jean-Herbert Martin sagte dazu:

> … since we are dealing with objects of visual and sensual experience, let's really look at them from the perspective of our own culture. I want to play the role of someone who uses artistic intuition alone to select these objects which come from totally different cultures. Thus my approach will also be the opposite of what you might have suggested: I intend to select these objects from various cultures according to my own history and my own sensibility. But obviously I also want to incorporate into that process the critical thinking which contemporary anthropology provides on the problem of ethnocentrism, the relativity of culture, and intercultural relations. (Buchloh 1989: 152-153)

Es bleiben also die Gesichtspunkte der westlichen Kunstkritik bestimmend und nicht etwa ethnologische Kriterien. Zudem lässt sich ein instrumentelles Verhältnis zur Ethnologie erkennen.[6] Jean-Herbert Martin meint:

> If, for example, an ethnographer suggests to us a particular example of a cult in a society in the Pacific, but it turns out that the objects of this culture do not communicate sufficiently well in a visual-sensuous manner to a Western spectator, then I would refrain from exhibiting them. Certain cult objects may have an enormous spiritual power, but when transplanted from their context into an art exhibition they lose their qualities… (Buchloh 1989: 153)

Die künstlerischen visuell-sinnlichen Kriterien des Kurators oder der Kuratorin bestimmen folglich die Auswahl, die die westlichen Betrachter*innen ansprechen soll. Die Beurteilung des Erschaffers eines Exponates spielte keine Rolle. Der Erfolg von Jean-Herbert Martins Ausstellungen schien seinem Spürsinn Recht zu geben. Aber seine Kriterien bleiben vage und folgen keinen verbindlichen Gesichtspunkten. Sie stimmen mit einer persönlichen Neigung überein, die man Martin nachsagte und von der die spätere Altäre-Ausstellung Zeugnis ablegte: Das Irrationale, Mystische und Magische soll ihn stets fasziniert haben (Cohen-Solal 2014). Und wenn auch die „Magiciens de la Terre" (schon der Titel spricht für sich) als antikoloniales Manifest in der französischen Tradition von Jean-Paul Sartre und Franz Fanon rezipiert wurden, hat sich Martin immer auch in der Tradition der

---

6   Vgl. hierzu auch das Interview von Koerner 2001 in der FAZ.

Surrealisten gesehen. Seine Bettlektüre, so heißt es, sei Michel Leiris „Phantom Afrika" aus den frühen 1930er Jahren gewesen (Murphy 2013: 5). Bei der Auswahl der Objekte zog er oft solche aus dem populären und dem religiösen Bereich vor. Im Laufe seiner Karriere soll er immer wieder die Grenzen der zeitgenössischen Kunstwelt zurückgeschoben, die etablierten Kategorien in Frage gestellt und die existierenden Vorlieben verändert haben, indem er für Emotionen, Sensibilität und das Wundersame in der Kunst votierte. In „Altäre: Kunst zum Niederknien" (Martin 2001a) lassen sich diese Tendenzen wiederfinden; sie verwirklichen sich in der Ausstellung geradezu.

Die Ausstellung „Altäre: Kunst zum Niederknien"

In einem programmatischen Beitrag zum Ausstellungskatalog legt Martin die kunsttheoretischen Überlegungen dar, welche der Altäre-Ausstellung als Orientierung dienten. Sie lassen sich in folgender Weise zusammenfassen (Martin 2001b): Das Schöne müsse als menschliche Universalie gelten, die sich zunächst durch Magie und Religion artikulierte. Erst die Moderne habe die Trennung von Religion und Kunst eingeführt und die religiösen Objekte aus der Kunst ausgeschlossen. Im Falle nicht-westlicher Gesellschaften habe dies der Kolonialismus übernommen. Nur ihr zunehmendes Alter und der Nachweis ihrer Authentizität erlaubten es, die Sakralobjekte zu rehabilitieren und in die Kunst zu (re)integrieren. Dies gelte für mittelalterliche Altäre genauso wie für afrikanische Skulpturen. Allerdings sei die Unterscheidung von Kunst und Sakralobjekten insgesamt falsch, diskriminierend und, soweit nicht-westliche Kulturen betroffen seien, kolonialistisch. Dies habe die Globalisierung aufgedeckt. Denn die alten und vermeintlich als Folge der Menschheitsentwicklung dem Untergang geweihten traditionellen Gesellschaften erfreuten sich einer ungebrochenen Lebendigkeit, welche die von der Moderne vorgenommene Ausgrenzung ihrer (religiösen) Erzeugnisse aus der Kunst als nicht länger haltbar entlarve.

Weder das Religiöse noch das Säkulare sollten Kriterien für die Kunst sein, die sich allein auf die Formensprache und die plastische Ausdrucksform zu stützen habe. Da jede zeitlich-historische Betrachtung in der westlichen Moderne als Krönung der Kunst gipfelte, sei diese abzulehnen bzw. durch eine räumliche Perspektive zu ersetzen, die Kunst von überall her zusammentrage. Im Zeitalter der Globalisierung zirkulierten zudem Zeichen und Symbole in neuer Geschwindigkeit um die ganze Welt. Die Ästhetik sei pluralistisch geworden. Die Auswahl müsse vielseitiger sein. Nichts zwinge dazu, sich für das eine und gegen das andere zu entscheiden. Koexistenz sei möglich und wünschenswert. Dabei kämen feststehende Dichotomien zu Fall. Habe Kunst vormals nur existiert, wenn Künstler*innen als erschaffende Instanz identifizierbar waren, während Populärkultur anonym kollektiv blieb, so stehe dies heute in Frage. Im strengen Sinne sei zudem nichts vollständig individuell, sondern Künstler*innen profitieren stets von ihrer Umgebung und dem Zeitgeist (Martin 2001b).

Nach solchen Überlegungen wurden die 66 Altäre zusammengestellt. Da es um eine Präsentation weltweiter Sakralinstallationen ging, hat man für die Ausstellung ein geografisches Ordnungsschema nach Kontinenten gewählt. Fast ein Viertel waren Leihgaben, die wohl nach Ende der Ausstellung zurückgegeben wurden. Darunter befand sich etwa der BAP-Altar des Musikers Wolfgang Niedecken (Scholz 2001: 346-349), der zum Tour-Equipment der Rockgruppe gehört (Hauschild 2014). Regional dominierten Altäre aus Asien, 31 an der Zahl, die alle im Eingangsbereich in Halle 1 untergebracht waren. Die Metro AG war ihr Sponsor. An ihnen ließ sich die beabsichtigte Farb- und Zeichenvielfalt, die ästhetische Überwindung von Zeit und fixierten Zeitabschnitten (Epochen), das Nebeneinander von Altem und Neuen hervorragend nachvollziehen. Exemplarisch sei kurz der Cyber-Altar aus Korea erwähnt (Kim 2001), der ein rituelles Setting auf den Desktop des Computers verschob, mit dem ein neu eröffnetes IT-Unternehmen eingeweiht werden sollte. Rituelles spielte sich in einer virtuellen Welt ab und war dennoch greifbar real. Der amerikanische Kontinent stellte die zweitgrößte Gruppe dar, die durch einen großen Anteil an afroamerikanischen Altären auffiel, gefolgt von Afrika, das ebenfalls in nennenswerter Zahl vertreten war. Selbst aus Ozeanien wurde ein Schrein gezeigt.

50 teils aus mehreren Komponenten bestehende Installationen wurden als Kopien von Originalen in Auftrag gegeben. Die (meisten) Priester*innen der Altäre wurden eingeladen, um diese im Düsseldorfer Kunstpalast zu installieren. Aline Luque, die zur Vorbereitung die lateinamerikanischen Länder bereiste, meinte dazu:

> Die meisten Priester gestalteten ihren Altar in Düsseldorf neu. Dabei bleibt jedem von ihnen überlassen, ob er den Altar in einer schon bestehenden Form wieder errichten will oder nicht, es steht ihm auch frei, den Altar zu weihen oder nicht. (Luque 2001: 28)

Im Katalog zur Ausstellung sind nur Fotos der Originale in den jeweiligen Herkunftsgebieten abgebildet, von den Kopien der Ausstellungen gab es wohl nur Aufnahmen für den internen dokumentarischen Gebrauch.

Die Organisation der Ausstellung erforderte enorme logistische und finanzielle Anstrengungen. Meist nutzen Mitglieder des insgesamt fünfköpfigen Kurautorenteams vorhandene Kontakte aus Kunstszene und Museumswelt, um mit (teils ethnologisch versierten) Kenner*innen außereuropäischer Glaubenssysteme in Kontakt zu kommen, die dann wieder die Verbindung zu den lokalen Priester*innen herstellten. Wie der langen Liste von Danksagungen im Katalog zu entnehmen ist, hatte sich ein enormes Netzwerk gebildet. Im Falle Lateinamerikas und der Karibik waren viele Ethnolog*innen darunter. Die Ausstellung soll mit großem Aufwand beworben worden sein, und dennoch blieb die Besucher*innenzahl vergleichsweise niedrig (vgl. Guzmanruiz 2007: 192).

Dem Ausstellungskatalog, aber auch dem Schriftwechsel mit Mitgliedern des Kurautorenteams, der teils mit den Altären in die Ethnographische Sammlung der Universität Marburg gelangte, wird das Dilemma zwischen Anspruch und Wirklichkeit deutlich. Die Ausstellung präsentierte Altäre. "Altäre" war dabei als Oberbegriff gewählt worden, weil er als vortreffliches Sinnbild für „das" Religiöse schlechthin gelten kann bzw. von europäischen Ausstellungsbesucher*innen auf diese Weise verstanden wird. In diesem Sinne eigneten sich die Altäre, um die kunsttheoretischen Überlegungen Martins umzusetzen: Dass nämlich das Ästhetische (vor der Entstehung der Modernen Kunst) im Mythisch-Religiösen gründete und im Zeitalter der Globalisierung ob seiner Lebendigkeit außerhalb Europas als Kunst rehabilitiert werden musste. Nun stellte sich zumindest für Lateinamerika das Problem, dass sich die wenigsten der gezeigten Installationen bruchlos unter die Überschrift des Altars stellen ließen, weil sie in Form und Funktion sehr divergent waren. Dies mag ein typisch aus dem ethnologischen Hang zum Emischen[7] entstehender Einwand der Autorin sein. Und es geht gar nicht anders, als dass bei Verallgemeinerungen das Spezifische des Einzelfalls verloren geht. Zumindest aber regt es zum Nachdenken an, wenn unterschiedliche kulturelle Erfahrungen mit einem hohen Anspruch unter einen Oberbegriff gestellt werden, der von einer Mehrheit dieser Erfahrungen abweicht.

Die „Altäre" aus Lateinamerika und der Karibik

Bei den Vorbereitungen der Ausstellung gab es seitens einer bekannten US-amerikanischen Intellektuellen, die in die Santería initiiert ist, grundsätzliche Bedenken gegen die Idee, Altäre und vielleicht noch dazu geweihte Altäre, in einer Ausstellung zu präsentieren. Da zeugt es schon von einer gewissen Leichtfertigkeit, wenn der Museumsdirektor Martin auf die Frage einer Journalistin, ob die Priester*innen ihre Altäre gerne verkauften, meinte:

> Ja, das war kein Problem. Sie haben das sogar mit großem Vergnügen getan. Sie wissen oder ahnen, dass sie ihre Kultur, wenn sie sie hier im Westen ver-

---

7 *Emisch* meint das Eintauchen und Nachvollziehen von Gegebenheiten aus Sichtweise einer anderen Kultur.

treten und bekannt machen können, zugleich auch schützen. Das ist Globalisierung in ihrer besten Gestalt. (Kroener 2001)

Für die afrokubanische Santería-Religion (heute vorzugsweise Ocha-Regel – Spanisch: *regla de ocha* – genannt) hat die Autorin schon bei anderer Gelegenheit auf die Schwierigkeiten des Altarbegriffs hingewiesen (Rossbach de Olmos 2008). Die Ausstellungsmacher*innen selbst haben gelegentlich von „Schreinen" gesprochen, vermutlich um der existierenden Vielfalt sakraler Örtlichkeiten gerecht zu werden.

Der kolumbianische Künstler Edgar Guzmanruiz, der als naher Beobachter wichtige Phasen der Altäre-Ausstellung begleitete, liefert eine sehr weit gefasste Definition:

> Ein Altar kann als Ort der Artikulation zwischen Heiligem und Profanem, als dem zentralen Ort des Gebetes und Kultes und als Monument definiert werden, das geeignet ist, um etwas zu opfern und das Opfer darzubringen. (Guzmanruiz 2007: 184)[8]

Thron für Shangó

Einer der Altäre der Ausstellung, die sich nun in Marburg befinden, war dem afrokubanischen Oricha[9] Shangó, dem Kriegs- und Gewittergott, gewidmet. Den Mittelpunkt bildete eine hölzerne Skulptur, die eine weibliche Figur auf einem Sockel zeigte (Abb. 1). Diese trug eine geschlossene Schale auf dem Kopf, welche vermutlich die Repräsentationen der Gottheit enthielt. Die Skulptur stand auf einer roten Decke, die mit goldenen Applikationen versehen war. Über ihr lag eine Kette aus roten und weißen Glasperlen. Ein Baldachin und Gardinen an den Seiten in denselben Farben umschlossen das Arrangement, das am Boden mit Früchten geschmückt war. Ein Korb für Geldgaben und eine Rassel luden Besucher ein, die Gottheit zu grüßen.

Die in der Santería vorkommenden „Throne" sind häufig als „Altäre" bezeichnet worden (vgl. Historical Museum of Southern Florida o.J.). Dennoch lassen sich auch hier wichtige Detailunterschiede in Form und Funktion erkennen, die ihrerseits auf Unterschiede im religiösen Kult verweisen. Anhand des oben beschriebenen „Thron für Shangó, Orisha-Altar", der in der Düsseldorfer Kunsthalle in der Afrika/Amerika-Halle 3 des ersten Stockes als Nummer 53 zu sehen war, wurden

---

8   Die Übersetzungen aus dem Spanischen stammen von der Autorin.

9   Es gibt unterschiedliche Schreibweisen für die Gottheiten der Yoruba, die mit Sklaven in die neue Welt gelangten. Orisha (englisch), Oricha (spanisch), Orixá (portugiesisch). In diesem Artikel wird jeweils die Schreibweise beibehalten, die im Ausstellungskatalog verwandt wurde.

die Einwände deutlich. Das Original war die Kopie eines ästhetischen Arrangements, mit dem Shangó 1994 an jenem Tag geehrt wurde, an dem sich die Initiation des Priesters Miguel „Willie" Ramos in seinen Kult jährte. Ramos ist Priester und Oriaté[10] der so genannten zweiten Diaspora (hier Miami in den USA), wohin die Santería durch Migrant*innen aus der ersten Diaspora Kuba gelangte, nachdem sie 100 bis 150 Jahre zuvor von Yoruba-Sklav*innen aus Westafrika eingeführt worden war. Die „religiösen" Geburtstage sind Anlass, um einen Thron zu errichten, der im Katalog „Thron der Observanz" genannt wird (Lindsay 2001: 284). Die Kopie für Düsseldorf wurde von Jorge Ortega angefertigt, der selbst in die Ocha-Regel initiiert ist. Für die kunstvolle Gestaltung eines Throns haben sich mittlerweile in Kuba und den USA wahre Expert*innen entwickelt, zu denen Ortega in Miami ganz offensichtlich zählt.[11] In prachtvoll hergerichteten Arrangements sollen die Gottheiten öffentlich bewundert und geehrt werden. Die übliche Konnotation des Begriffs „Thron" als dem prunkvoll erhöhten Sessel eines Monarchen für feierliche Anlässe scheint spontan besser zu der Anordnung zu passen als die religiöse. Es gibt in der Santería noch zwei weitere Throne, einer ist der Initiationsthron, das heißt der Sitz, auf dem der Priesteranwärter eingeweiht wird. Auch hier sind royale Anklänge zu finden, insbesondere weil die Initiation auch als „coronar santo" (deutsch: den Heiligen „krönen") umschrieben wird. Schließlich gibt es noch einen Ritualthron, der in der Regel in einer Orakelbefragung vorgeschrieben wird und mit Tieropfern verbunden ist.

Man hätte vielleicht, wie auch bei anderen Altären, vom Priester des Shangó-Thrones Miguel „Willie" Ramos den erklärenden Text für den Katalog erwarten können, der damals gerade seinen universitären Masterabschluss erwarb. Aber man gewann dafür den aus Panama stammenden Künstler und Schriftsteller Arturo Lindsay, der möglicherweise zu dem internationalen Künstlernetzwerk des Kurator*innenteams zählte.

Santería-Altar, Regla de Ocha

Das Original eines weiteren Altares, welcher derselben religiösen Tradition entstammt wie der Shangó-Thron, aber als Nummer 54a von diesem weit entfernt in der Halle für Amerika/Europa im oberen Stockwerk stand, war der „Santería-Altar, Regla de Ocha" (Abb. 2) aus Havanna (Kuba). Die geografische Distanz zwischen Miami (USA) und Havanna (Kuba) rechtfertigte diese Trennung vielleicht,

---

10   Oriaté ist eine Art Zeremonienmeister, der die Kontrolle über Rituale ausübt.

11   Vgl. www.eleda.org/blog/2005/11/30/the-work-of-jorge-ortega-ewin-shola/ (letzter Zugriff 15.08.2019).

nicht aber die religiöse Nähe. Throne gehen letztlich auf die Ocha-Regel in Kuba zurück. Im Katalog war im Santería-Altar ein Thron für die Gottheit der Liebe und Erotik, Ochún, zu sehen.

Der Santería-Altar war eigentlich ein komplettes Zimmer, in dem zwei Holzvitrinen mit Glasfenstern standen. Darin befand sich in vier geschmückten Regalen eine Vielzahl von Objekten um Tongefäße in charakteristischen Farben, die Repräsentationen der Oricha-Gottheiten (geweihte Steine in typischer Form und Farbe sowie Dinge, die den Gottheiten eigen sind, sie ausmachen und symbolisieren) enthielten. Außerhalb der Vitrinen fanden sich weitere Gefäße, jeweils in markanten Farben, die ebenfalls Oricha beherbergten. Deutlich waren im typischen Blau Olokun, die Gottheit der Meerestiefen, und in gelb-grüner Kombination Orumila, der Oricha der Divination, zu erkennen. In kleinen Schränkchen waren die so genannten *guerrero*-Gottheiten untergebracht, und auf dem Boden standen angebrannte Kerne, Blumen und Teller, die auf kürzlich vollzogene Rituale hinwiesen. Neben einem weiß gedeckten Tisch mit Wassergläsern, Fotos, Kerzen und Duftwässern befanden sich ein mit Zeichen beschrifteter Dachziegel, ein geschmückter Stab und Ritualreste. Zwei in typischen Farben gekleideten Puppen repräsentierten Archetypen von Totengeistern.

Der erklärende Text im Ausstellungskatalog stammte von der kubanischen Kunsthistorikerin Lázara Menéndez (2001), die in Kuba seit Jahrzehnten zur Ocha-Regel forscht. Sie begleitete die Santería-Priesterin Lidia Rivalta Moré, genannt „Mamita", nach Düsseldorf, um deren Altar-Kopie aufzubauen. Anders als bekannte Kunsthistoriker*innen, die zu den Yoruba arbeiten, wie etwa Robert Farris Thompson (2001) oder Babatunde Lawal, die die Ästhetik als integralen Bestandteil aller Yoruba-Religionen sehen (Lindsay 2001: 282), gab Menéndez zu bedenken, dass Priester*innen und Anhänger*innen einen ästhetischen Blickwinkel auf ihre Religion für nicht „zulässig" halten könnten (Menéndez 2001: 288). Dies sei zwar insofern widersprüchlich, als die religiöse Kraft, mit der in der Ocha-Regel Gegenstände aufgeladen sind, oft mit Form und Farbe verbunden sei. Aber dies sei eben nicht im Sinne des modernen Kunstbegriffes zu verstehen. Zu kämpfen hat Menéndez in ihrem Beitrag zudem damit, die religiösen Arrangements der Santería dem Altar-Begriff unterzuordnen. Der oben erwähnte Tisch kam einem Altar noch am nächsten. Auf ihm standen u. a. sieben mit Wasser gefüllte Gläser, von denen in einem ein Kreuz platziert war. Es handelt sich um eine *bóveda espiritual* (Ensemble für die spirituelle Toten- und Ahnenverehrung). Vor ihr finden spirituelle Messen statt, bei denen durchaus Totengeister von den Teilnehmer*innen Besitz ergreifen können.

In Kuba existiert aber oft ein Kultraum innerhalb des Hauses, der den Gottheiten und ihren Paraphernalien für Verehrung und Opferrituale vorbehalten ist. Dieses so genannte „Heiligenzimmer" (Spanisch: *cuarto de santo*) ließe, wenn überhaupt, an eine Kapelle denken. Doch auch das Regal oder die Vitrine, in denen sich die Oricha im Alltag, wenn keine Rituale stattfinden, in einer relativ klaren Anordnung befinden, wäre besser Schrein denn Altar genannt. Im Falle der kubanischen Santera Mamita fanden sich in diesem Raum neben ihren auch Oricha anderer Personen. Da in der Ocha-Regel jeder Initiand „seine" Gottheiten erhält, können diese sich bei Familienangehörigen in einem Raum befinden. Die Priesterin Mamita hatte jedenfalls zwei Vitrinen in ihrem Zimmer.

Auch wenn für die Altäre-Ausstellung keine Kopien der eigentlichen Oricha angefertigt wurden, sondern nur von den Behältnissen, soll die Priesterin sich nach einem Interview, das die Autorin am 6. November 2015 in Havanna mit Lázara Menéndez führte, es sich nicht haben nehmen lassen, die Erlaubnis der Gottheiten einzuholen und diese angemessen rituell zu behandeln.

Der erwähnte Künstler Guzmanruiz hat als Zeitzeuge Eindrücke von den persönlichen Erwartungen einiger Priester sammeln können, die sich aus den Altären als solche und den Kunstobjekten nicht hätten erschließen lassen. Guzmanruiz berichtete

> ,Mamita', eine berühmte kubanische Patin der Santería, war neugierig als sie erfuhr, dass die afrikanischen Priester kamen, weil diese die Wurzeln ihrer religiösen Praxis darstellten. Sie zog sich ihre beste Kleidung an und als der Augenblick kam, begrüßte sie die Gäste mit einer langen Rede auf Spanisch, in der sie erklärte, dass es ihr eine Ehre sei, sie in der Nähe zu haben, denn sie seien Teil ihres Blutes. Die Afrikaner, die kein Wort der extrovertierten Dame verstanden, sahen sich gegenseitig an. ,Mamita' reagierte dann mit ein paar Worten afrikanischer Herkunft, die sie in der Santería-Religion verwendet. In den Gesichtern gab es eine positive Veränderung. (Guzmanruiz 2007: 185-186)

Hieraus sprach der Wunsch einer Priesterin, über eine internationale Kunstausstellung den Kontakt wiederherzustellen, zu den Wurzeln ihrer Religion afrikanischer Herkunft, zu der Kolonialismus und Sklaverei die Verbindung einst abgeschnitten hatten. Sich ästhetisch oder künstlerisch in der internationalen Kunstszene bewähren zu wollen, wie es dem Ansinnen des Ausstellungsmachers Martin entsprach, war hier nicht zu erkennen. Hieraus lässt sich vielleicht die Vermutung ableiten, dass einigen Priester*innen die künstlerischen Absichten der Ausstellung relativ äußerlich blieben.

Manto de Obatalá

Ein zusätzlich zum Kultraum gezeigter Santería-Altar war der so genannte „Manto de Obatalá" (deutsch: Umhang von Obatalá). Es handelte sich um ein Arrangement aus unzähligen Tellern, die sich wie ein Teppich an der Wand ausbreiteten. In der Ausstellung wurde der „Mantel" links und rechts von einem weißen Blumenbouquet begrenzt, und davor befand sich auf einem weißen Podest eine Schüssel mit den Insignien Obatalás. Davor standen Speisen und Opfergaben für die Gottheit. Die genauere Bedeutung wurde im Katalog nicht erläutert. Vom Original hieß es, dass es sich im „Haustempel von Yolanda Méndez" befände (Martin 2001a: 286). Die Kopie ist aber wohl von der zuvor erwähnten Lidia Rivalta Moré erstellt worden, und davon ist im Internet eine Fotografie zu finden.[12] „Haustempel" ist im Übrigen ein weiterer Begriff, der im Katalog verwendet wurde, um sich den verschiedenartigen Sakralinstallationen und -örtlichkeiten zu nähern. Er zeigt erneut die Schwierigkeit, alle dem Altarkonzept unterzuordnen.

Auch die Autor*innen der Begleittexte haben damit zu kämpfen. Menéndez spricht von Kultraum. Für die Santería wurde im Katalog der spanische Begriff des „canastillero" (deutsch: etwa Korb) beibehalten, den man als eine Art „Schrein" betrachten könnte. In diesem sind – sofern keine größeren Zeremonien anstehen – die in Steinen materialisierten Gottheiten mit ihren typischen Attributen untergebracht.

Nsasi Siete Rayos Rompe Mundo Brillumba Congo

Der Altar „Nsasi Siete Rayos Rompe Mundo Brillumba Congo" der Palo Monte-Religion benötigte ebenfalls einen eigenen Raum. Nach hinten grenzte ihn ein Gemälde auf Leinwand ab, dessen Mitte die Gottheit Mama Chola in gelb-orangener Farbgebung zeigte (Abb. 3). Hinter ihr sah man Gruppen von tanzenden, Buschmesser schwingenden und vielleicht von Geistwesen besessenen Schwarzen. Die größeren Gestalten im Vordergrund repräsentierten Gottheiten mit typischen Insignien. Die gemalte Landschaft in braun-grünen Farbtönen wurde nach vorne durch ein Podest begrenzt, dessen Rand weiße Zeichen auf rotem Hintergrund schmückten. Auf dem Podest befanden sich unzählige rituelle Gegenstände, wie Flaschen, bemalte Kalebassenhälften und Kerzen, vor allem aber Holzstäbe. Auf der linken Seite stand ein mit Hölzern bestückter Kessel, und außerhalb des Podests befand sich neben rituellen Arrangements eine schwarze Puppe auf einem

---

12 Vgl. www.dw.com/en/art-meets-religion-in-d%C3%BCsseldorf/a-333244-0 (letzter Zugriff 15.08.2019). Das Foto ist einem Artikel über die Altäre-Ausstellung beigefügt.

kleinen Stuhl, die die Gottheit Lucero darstellte.

Dieser Altar stand mit der Nummer 55 direkt neben den Santería-Altären. Im Katalog wurde er als Kultort bezeichnet. Er gehörte zu einer afrokubanischen Religion mit einem anderen ethnischen Hintergrund als die Santería, nämlich bantusprachigen Sklav*innen. Vom Palo Monte existieren mehrere Varianten, die sich ungeachtet von zahlreichen Einmischungen aus dem Katholizismus und der Santería durch eine religiöse Konzentration auf Tote und Ahnen auszeichnen. Das Zentrum der Religion stellt die *nganga* dar. Im Katalog wurde sie missverständlich als „Altarbeigabe" übersetzt (Pedroso 2001) und sollte besser „Herzstück" heißen, denn um sie kreist die religiöse Praxis des Palo Monte. Zwar werden auch im Palo Monte Gottheiten verehrt, die den Santería-Oricha entsprechen, sie tragen jedoch andere Namen. Aber die Totenverehrung ist ungleich wichtiger. Die Grundlage bildet der metallene Topf oder Kessel, die *nganga*, die nach dem Modell der Erde befüllt wird und einen Totengeist beherbergt, welcher dem Palero-Priester zu Diensten ist. Neben vielen Hölzern (deshalb „Palo Monte": „palo" bedeutet „Holz" und „monte" meint ungefähr „Wildnis") müssen sich Knochenteile des Verstorbenen in dieser *nganga* oder *prenda* befinden, die diesen repräsentieren. Eine *nganga* wächst im Laufe der Zeit mit Hölzern, Gaben und Tieropferresten weiter an. Auf einer Fotografie im Altäre-Katalog zeigte sie beachtliche Ausmaße. Der vielfach zitierte Zeitzeuge Guzmanruiz (2007: 186) kann zu diesem Altar eine anschauliche Anekdote beisteuern. Er meinte, je nach Stimmung der Totengeister, konnten sich die Besucher*innen dem Altar nähern oder nicht. Einige Priester*innen gaben folglich den Besucher*innen zu verstehen, dass von ihren Installationen Kraft ausging, ob sie diese nun geweiht hatten oder nicht.

Die Billumba-Ausdrucksform des Palo Monte unterscheidet sich von anderen Palo-Varianten durch ästhetisch üppig ausgestattete Kulträume. Im vorliegenden Fall ist Julián González Pérez tatsächlich als Priester/Künstler zu bezeichnen, wie im Katalog vermerkt, da er sich auch in der kubanischen Kunstszene einen Platz erobert hat.[13] Der erklärende Text im Katalog stammt von dem früheren Direktor des Museums von Regla Luis Alberto Pedroso, heute ein Stadtteil von Havanna, wo die afrokubanischen Traditionen seit jeher ein Zentrum haben. Hier bediente sich das Kurator*innenteam offensichtlich einer Abwärtskommunikation, das heißt es nutzte seine in die internationale Kunst- und Museumsszene eingebundenen Beziehungen, um den Kontakt mit lokalen Priester*innen herzustellen. In Kuba wurde im Übrigen dies alles von einem Journalisten koordiniert.

---

13   Vgl. www.withoutmasks.org/meet-the-artists/julian-gonzalez-perez/ (letzter Zugriff 15.08.2019).

Umbanda Altäre

Der Umbanda-Altar der Ausstellung entsprach konventionellen Altarvorstellungen. Auf einem weiß bedeckten Tisch waren Stufen aufgesetzt, auf denen Heiligenstatuen standen, an oberster Stelle Jesus Christus mit geöffneten Armen. Kerzen und Blumen umgaben die Figuren. Unter der Tischplatte lag Yemanjá, die Gottheit des Meeres, in dem für sie typischen Meeresambiente in einer großen Muschel, und davor befand sich ein Ständer für sieben Kerzen. Auf der rechten Seite war ein Altar mit Indianerfiguren zu sehen, mit welchem man den indianischen Totengeistern huldigte, auf der linken ein Altar mit schwarzen Statuen. Ein Wandaltar mit Puppen galt den Totengeistern der Kinder mit den verehrten Zwillingen Cosme und Damian in der Mitte. Bei dem Urheber der Umbanda-Altäre kam es zu der seltenen Übereinstimmung von Priester*in und Künstler*in. Die mit den Nummern 57a und 57b in Halle 4 im zweiten Stock präsentierten Altäre stammten von Ronaldo Rego, der Priester und Künstler ist und zudem den erklärenden Text im Katalog verfasste (Rego 2001).[14] Bei ihm handelt es sich im Übrigen um einen der an der Ausstellung „Afro-Brasilianische Kultur und zeitgenössische Kunst" beteiligten Künstler*innen, die 1994 aus Anlass der Buchmesse mit dem Gastland Brasilien im Frankfurter Kunstverein zu sehen waren (Araújo 1994). Die Umbanda hat einige Ähnlichkeiten mit dem Palo Monte. Wie dieser hat auch sie ihren Ursprung bei bantusprachigen Gruppen unter den Sklav*innen. In Brasilien hat sie mehrere regionale Varianten ausgebildet und viele fremde europäische und afrikanische Einflüsse integriert. Auch die in Kuba gegenwärtigen Oricha-Gottheiten werden in der Umbanda verehrt, nur dass diese jeweils einen Synkretismus mit anderen katholischen Heiligen eingegangen sind. Die Tempel der Umbanda sind, wie im Katalog zu sehen, von Heerscharen von Statuen der verehrten Heiligen und Geister dominiert (Abb. 4), während sich der Palo auf die Totengeister konzentriert. Die Trance spielt in der Umbanda eine wichtige Rolle; sie wird zu Heilungszwecken eingesetzt. Die erwähnten indianischen Geister, die *caboclos*, bekräftigen den Anspruch der Umbanda, eine brasilianische Religion zu sein, weil sie mit den Indianern den ursprünglichen (spirituellen) Herren des Landes Respekt zollt.

Eine genuin brasilianische Ausdrucksform ist der Kult der Pomba Gira, der um 1920 entstanden sein soll. Sie ist die weibliche Variante der Trickstergottheit Exu und wird wie dieser mit Wegkreuzungen sowie den Farben rot und schwarz identifiziert. Ihr Altar, der in der Ausstellung gleich neben dem eigentlichen Umbanda-Altar stand, stellte in diesen Farben sowohl Exu als Teufel mit Heugabel dar,

---

14 Vgl. www.museuafrobrasil.org.br/pesquisa/indice-biografico/lista-de-biografias/biografia/2016/10/14/ronaldo-rego (letzter Zugriff 15.08.2019).

als auch die leicht bekleidete Pomba Gira, beide in mehreren Ausführungen und Größen. Die Heugabel als Kennzeichen der Gottheit war neben einer Vielzahl von anderen Gegenständen auch in gezeichneter Form allgegenwärtig, ebenso wie die Farben rot und schwarz. Die Anhänger*innen und auch Menschen, die mit Pomba Gira in Trance gehen, werden mit Vorstellungen von leichtlebigen Frauen, Prostituierten und Zigeunerinnen in Verbindung gebracht. Jean-Herbert Martin hat offenkundig Ronaldo Rego persönlich gebeten, auch die Kopie des Pomba Gira-Raums für die Ausstellung aufzubauen. Die Besitzerin des Originals scheint nicht nach Düsseldorf gekommen zu sein.

Terreiro des Candomblé

Der Candomblé ist wie die Santería aus der Yoruba-Religion hervorgegangen, die mit Sklav*innen in die neue Welt kam. Die lokalen Herkunftsregionen innerhalb Yorubaland waren bei Santería und Candomblé jedoch verschieden ebenso wie die Dynamiken der Anpassung in der Neuen Welt. Stefania Capone, eine in Frankreich tätige Anthropologin und ausgewiesene Candomblé-Kennerin, hat den Katalogbeitrag verfasst und vielleicht sogar Einfluss auf die Auswahl des Priesters und seines Ritualhauses oder *terreiro* genommen, über den sie bereits Jahre vor der Ausstellung publiziert hat (Capone 1999: 127-129). Der 2008 verstorbene Álvaro Pinto de Almeida Sobrinho, als Priester besser bekannt als Alvinho de Omolu, war einer der ersten weißen Initiierten in den Candomblé.

Die Trance nimmt auch im Candomblé eine herausragende Stellung ein, die nach Capone (2001: 298) aus den Anhänger*innen Oricha mache. Ungeachtet der gemeinsamen Herkunft existieren Unterschiede mit der afrokubanischen Santería. Unter anderem zeigt sich dies in den Kultstätten der Religion, die in Brasilien ungleich größer sind und Dimensionen von Höfen mit mehreren Gebäuden annehmen.

In der Ausstellung und im Katalog wurde dieser „Altar" als *terreiro* präsentiert. Für Capone bildet jedoch der *assento*, der „persönliche Altar", das Zentrum des Candomblé. Es besteht in der Regel aus einem Keramikgefäß, das alle Insignien einer vollzogenen Initiation in den Kult des persönlichen Orixá einer Person enthält. Dieses wird mit anderen persönlichen „Altären" in einem „Haus" aufbewahrt, die jedem Orixá innerhalb des *terreiro* gesondert eingerichtet werden. Neben privaten Räumen der Anhänger*innen gibt es den Initiationsraum, der Außenstehenden verschlossen bleibt. Der *terreiro* von Alvinho de Omolu lag in Rio de Janeiro, und die Kopie wurde offenkundig von ihm gemeinsam mit einem Begleiter in Düsseldorf erstellt.

Das Zentrum von Halle 3 im ersten Stock des Kunstpalastes wurde für den *terreiro* hergerichtet. Dieser trug die Nummer 56 und bestand aus sieben separaten Kammern. Der große Raumbedarf dürfte der Grund gewesen sein, dass die Kopie weit entfernt von den verwandten Religionen errichtet wurde. Wie in einem realen Kulthaus war für jeden der verehrten Orixá-Gottheiten ein Raum reserviert. Neben Ritualarrangements und Opfergaben dominierten dort vor allem Ton- oder Holzgefäße, die als Behältnisse für die Orixá-Repräsentationen des *terreiro* und der dort initiierten Anhänger*innen dienten. Sie waren auf Podesten platziert, und wiesen die für die jeweiligen Gottheiten typische Farb- und Formensprache auf. Die Kammern waren entlang eines Korridors angesiedelt, der zum eigentlichen Kult- und Initiationsraum führte. Ein Raum mit tönerner Erdfarbe und der bekannten Heugabel war Exu gewidmet, ein weiterer dem Schmied unter den Orixá Ogún mit unzähligen Metallgegenständen. Die weibliche Oxum in gelber Farbgebung und die Meeresgottheit Yemanjá in typischem Blau teilten sich einen Raum. Es folgten in jeweils einem Raum Xangó mit Gefäßen und seiner Doppelaxt aus Holz, Omoluo, der Pockengott mit viel Bastfasern sowie Oxalá, der alte Orixá, vollständig in Weiß.

María-Lionza-Altar

Das Arrangement der venezolanischen María Lionza-Religion war mit der Nummer 58 ebenfalls entfernt von den übrigen lateinamerikanischen Altären an der Außenwand der Asien-Halle 2 im ersten Obergeschoss untergebracht. Auch hier mag der größere Raumbedarf der Grund gewesen sein. Für so genannte *velaciones* oder „Bekerzungen", wie sie Ethnologin Angelina Pollack-Eltz die Kerzenrituale im erläuternden Katalogartikel nennt, wurden in Düsseldorf mehrere menschliche Umrisse auf den Boden gezeichnet, was viel Raum benötigte. In der Ecke war aus Steinen, Kerzen, Statuen und diversen Gegenständen eine Art Altar in freier Natur nachgebaut, auf den die menschlichen Silhouetten zeigten. Die in den Umrissen ausgebreiteten Kleider symbolisierten Personen, die sich einem Kerzenritual unterzogen. In der Realität sind es Menschen, die Heilung suchen. Sie legen sich zu diesem Zweck in die kunstvoll mit Talk auf den Boden aufgezeichneten Silhouetten ihres eigenen Körpers, um die dann Kerzen aufgestellt und abgebrannt werden. Viele der derart bekerzten Anhänger*innen gehen in Trance. Die eigentliche Pilgerstätte ist die Bergregion Sorte, ca. 350 km von der venezolanischen Hauptstadt Caracas entfernt, wo die Kerzenrituale unter freiem Nachthimmel stattfinden. Die María-Lionza-Zentren befinden sich hingegen in der Stadt.

Außer der Besonderheit der Kerzenrituale lassen einige Aspekte der María-Lionza-Religion an die Umbanda denken. Dazu gehört an erster Stelle das Entstehungsdatum, das mit dem des Pomba-Gira-Kultes übereinstimmt und auf die 1920er Jahre datiert wird (Pollak-Eltz 2001: 308). Neben den eigentlichen Altären und ihrer üppigen Ausstattung mit zahlreichen Statuen, die Heilige und Geister repräsentieren, stimmen beide auch hinsichtlich ihres „nationalen" Charakters überein. Während die Umbanda mit ihrer Ehrerbietung an die *caboclos* die eigentlichen Herren des Landes adressiert, ist es bei María Lionza ein Triumvirat, das auf die ethnische Zusammensetzung der venezolanischen Volkskultur anspielt: María Lionza, der Sage nach eine indianische Prinzessin, die später mit der (weißen) Jungfrau Maria verschmolz, der Indio Guaicaipuro, Anführer von Aufständen gegen die Spanier, und schließlich der Negro Primero als Vertreter der Schwarzen. Alle diese Figuren sind auf den Altären zu finden (Abb. 5). Außerdem treten schnell wechselnde *cortes* oder Höfe oder Heerscharen von Geistern in Erscheinung. So haben sich durch die Zuwanderung kubanischer Migrant*innen Oricha-Gottheiten in die Religion eingefügt, und es treten ständig neue Geisterheerscharen auf, wie etwa die Wikinger oder auch Verbrecher. Tabakrauch darf bei den Zeremonien ebenfalls nicht fehlen (vgl. Rossbach de Olmos 2014).

Rosando Lozano, der die Altarkopie aufbaute, war auch zehn Jahre nach seinem Aufenthalt in Düsseldorf in seiner venezolanischen Heimatgemeinde Acevedo als Heiler geschätzt. Er arbeitete mit unterschiedlichen Geisterheerscharen, je nachdem ob es sich um Gesundheits- oder andersartige Probleme handelte. Von seiner Reise nach Deutschland im Jahre 2001 wurde auch noch zehn Jahre später in einer Dokumentation seiner Heimatgemeinde Aceveda berichtet.[15]

Aber er war und ist ein Heiler und hat sich sicher nie als „Priester/Künstler" verstanden, wie er und mit ihm eine ganze Reihe anderer Ausstellungsteilnehmer*innen im Katalog vorgestellt wurden. Vielleicht bildete dies den Grund für Unstimmigkeiten mit den Ausstellungsmacher*innen, von denen Guzmanruiz berichtete. Er meinte:

> Bei mehreren Gelegenheiten gab es ästhetische Zusammenstöße oder besser der „Ästhetisierung", die Konflikte mit den Kuratoren erzeugten. Der Altar der indianischen Prinzessin María Lionza aus Venezuela setzte sich aus einer Reihe von Statuen zusammen: ihrer eigenen, der von Simón Bolívar, der von Doktor José Gregorio Hernández und der eines amazonischen Indianers. Der Altar wurde aus auf den Boden ausgestreute Erde hergerichtet, mit weißen gepulverten Zeichnungen, großen Steinen, Pflanzen, bunten Kerzen, abgenutzter Kleidung und einer Fahne von Venezuela bestückt. Die Autoren, ein Medium, ein Mann zwischen 40 und 50 Jahren, und seine Assistentin, eine junge Frau in den Zwanzigern, hatten viele Probleme mit der

---

15 Vgl. https://issuu.com/fondoeditorialbolivariano/docs/muni._acevedo/53 (letzter Zugriff 15.08.2019).

französischen Kuratorin, die sie bat, den Altar in der Art zu bauen, wie sie es in Venezuela gesehen hatte und wie auf den Fotos zu sehen wäre, die sie gemacht hatte. Sie antworteten, dass sie den Altar so machen würden, wie sie es wüssten und nicht, wie sie sagte. Es scheint, dass die ästhetischen Inhalte, die sie verwenden, nicht den europäischen Erwartungen entsprachen. Aus der Unzufriedenheit der Venezolaner und jener der Kuratorin entstand schließlich einen Hybridaltar ohne großen Sinn. (Guzmanruiz 2007: 188)

Es könnte vielleicht eine Rolle gespielt haben, dass die Kuratorin die große Autonomie der religiösen Zentren, die Eigenwilligkeit der Geister und die unablässigen Erneuerungstendenzen des Kultes nicht einschätzen konnte.

Tukaia-Altar der Asurini

Hatte im Falle María Lionza die Kuratorin Einwände gegen den Altar bzw. die Kopie, so waren es bei den Asurini vom brasilianischen Xingú-Fluss die Indigenen selbst, die den ursprünglich anvisierten Altar zurückzogen. Der Korrespondenz ist zu entnehmen, dass sie die erste Auswahl als zu „stark" für die Ausstellung hielten. Augenscheinlich spielte es für sie keine Rolle, dass es sich nur um eine Kopie handeln sollte. Vermutlich errichten die Asurini ihre Ritualinstallationen nicht dauerhaft, sondern nur für den Zeitraum, in denen das Ritual stattfindet. Daran hatte sicher keiner der Ausstellungsmacher*innen in Düsseldorf gedacht, weil sie der Logik der Kunst, aber nicht der der Religion folgten, auch wenn sie diese für die Grundlage der Kunst hielten.

Die beteiligten Asurini vom Xingú, eine 100 bis 150 Menschen zählende Gruppe im Bundesstaat Pará, wählten schließlich mit dem *tukaia*-Altar das Arrangement für das *maraká arapoá*-Ritual aus, mit dem der so genannte Hirsch-Mythos inszeniert wird. Dieser erinnert daran, wie der Hirsch den Menschen Bodenbau und Töpferhandwerk lehrte und ihnen die Kulturgüter schenkte. Der Altar, der mit der Nummer 47 im Zentrum der Ausstellungshalle 4 im zweiten Obergeschoss stand, bestand aus einem Gebilde aus Palmblättern, das die Füße des Hirsches darstellte, und mit weiteren attraktiven Gegenständen bestückt war. Darüber kreuzten sich zwei Balken, die oben mit Arafedern versehen waren. Davor lag ein Rhythmusinstrument aus einem Flaschenkürbis. Weiter vorne befand sich ein Ständer aus Bambusstäben, auf dem sich ein mit Erdfarben verzierter Tontopf befand, und rechts auf dem Boden stand ein großer schwarzer Tontopf mit einem Korb aus Palmfasern darinnen.

Nicht in der Ausstellung, wohl aber in der Asurini-Welt wird dieser Altar gegenüber dem Gästehaus errichtet, das die durch die Zeremonie angelockten Geister beherbergt. Tabak, Maniokbrei, vor allem aber Tänze zwischen Altar und Gästehaus spielen eine wichtige Rolle. Der initiierte Schamane bewegt sich durch Transformationen in unterschiedlichen realen und spirituellen Welten, die die Kosmologie der Asurini ausmachen. Warum der beteiligte Itakiri Asurini im Katalog nur als „Künstler" und nicht auch als „Priester" firmiert, muss unklar bleiben. Der Schamane war, wie man es in jenen Jahren von brasilianischen Indigenen außerhalb ihrer Wohngebiete kannte, immer von einem Anthropologen, bzw. einer Anthropologin begleitet, in diesem Falle von Regina Polo Müller, die nicht nur seit Jahrzehnten bei den Asurini des Xingú forscht, sondern auch den Beitrag im Katalog verfasste (Müller 2001).[16]

Die schamanische Gabe, sich zwischen den Welten zu bewegen, hier konkret in der Tierwelt, wurde bei Itakiri Asurini dennoch erkennbar. Der kolumbianische Künstler und Ausstellungsbeobachter Guzmanruiz berichtet über diesen, dass er vor allem

> mit Zeichen und mit Blicken kommunizierte und kaum Portugiesisch sprach, [aber er, Anmerk. Rossbach de Olmos] baute einen Altar mit wenigen Elementen begleitet von seiner unzertrennlichen Beschützerin, der brasilianischen Anthropologin Regina Polo Müller, einer Frau von etwa 45 Jahren. Der Häuptling war in der Ausstellung gut aufgenommen worden, vor allem von den Frauen, die Teil des Teams waren. Seine Bescheidenheit und seine Ruhe beeindruckten, besonders bei einem Besuch in einem Park in Düsseldorf. Die ruhige Person legte einige Brotkrumen in seine Hand und plötzlich näherten sich ihm die schüchternen Eichhörnchen und nahmen die Kost ohne Angst an. (Guzmanruiz 2007: 191)

Xiriki-Altar der Huichol

Auch bei den Huichol aus der mexikanischen Sierra Madre Occidental, die sich selbst Wixarika nennen, ist der Hirsch eine zentrale mythologische Gestalt. Er bildet mit Mais und dem Peyote-Kaktus eine Triade, welche für die materielle und spirituelle Nahrung der Menschen steht. Der Hirsch repräsentiert den Peyote, den halluzinogenen Kaktus, den Schamanen und Pilger während ihrer regelmäßigen Wanderungen nutzen, um den Kontakt mit den Gottheiten herzustellen. Der „„xiriki', Altar der Huichol" wurde unter der Nummer 48 in der Amerika/Europa-Halle 4 im zweiten Obergeschoss ausgestellt. Es handelte sich um eine Dachkonstruktion aus Stroh, in die eine Vielzahl von Gegenständen eingefügt war, die Mehrheit davon waren Pfeile. Diese stellen unabdingbare Boten dar, um Anliegen und Bitten den Göttern erfolgreich zu übermitteln. Daneben befand sich eine Vielzahl von

---

16 Vgl. https://pib.socioambiental.org/en/Povo:Asurini_do_Xingu#Population (letzter Zugriff 15.08.2019).

Objekten, die Opfergaben, wie Mais, auch bestickte Stoffe, Stofftaschen, Holz-figuren, Strohstühle und -körbe umfassten. Die im Dach aufgehängten Pfeile ge-hören, wie vieles bei den Huichol, zu einer gegenderten Dichotomie, das heißt sie wurden von Männern geschnitzt und werden mit ihnen identifiziert, während die Votivschüsseln von Frauen gefertigt und ihnen zugeordnet werden.

Erbauer der Altarkopie war der „Künstler" Don Vicente Carrillo Medina. Auch er wird, wie im Fall des Asurini-Altars, nicht als Priester vorgestellt. Die Autorin des erklärenden Katalogbeitrages Olivia Kindl (2001) nennt ihn in ihrem Buch über die Votivschüsseln der Huichol „Kunsthandwerker" (Kindl 2003: 287). Zu-dem war Don Vicente ein politischer Würdenträger seiner Gemeinde, und zwar ihr Vize-Präsident. Olivia Kindl forschte seit den 1990er Jahren bei den Huichol und war zur Zeit der Ausstellungsvorbereitungen Doktorandin an der Universität Paris-Nanterre. Auch die Kopie des Huichol-Altars, dessen Original in Tateikie, San Andrés Cohamiata steht, erinnert nicht unmittelbar an einen Altar. Der Hui-chol-Begriff lautet *xiriki*, was in etwa kleiner Schrein bedeutet. Dieser ist in den Dörfern normalerweise den vergöttlichten Ahnen gewidmet. Kindl (2003: 260) nennt ihn deshalb auch „Familientempel". Andernorts finden sich solche Scheine in der Nähe eines großen Tempels. Dort finden im Jahreszyklus mehrere Rituale statt, die mit Mais und dem Peyote-Kaktus in Verbindung stehen. Unter der Wir-kung des halluzinogenen Kaktus entfalten sich im Übrigen ästhetische Inspiratio-nen, über deren (lokale) kunsttheoretische Implikationen man weiter nachdenken könnte.

Mesa-Heilaltar aus Nordperu

Religiöses wurde in der Ausstellung in Kunst transformiert, der dadurch neuer Raum zustand. Bei den Altären zeigte sich jedoch wiederholt eine engere Bezie-hung der Religion zu Medizin und Heilung als zur reinen Ästhetik. Dies lässt sich deutlich bei den beiden *mesa* (deutsch: Tisch) erkennen, die an der peruanischen Nordküste zum Vollzug von schamanischen Heilritualen dienen. Sie waren unter der Nummer 46a und 46b in Halle 4 im zweiten Obergeschoss in unmittelbarer Nachbarschaft zueinander aufgebaut. Man fragt sich, warum zwei derart ähnliche und regional benachbarte Heilaltäre Eingang in die Ausstellung gefunden haben. Eine Vermutung verweist auf das Netzwerk, in dem sich die Ausstellungsmachen-den bewegten. Zunächst bemühte man sich offensichtlich um die Mitwirkung des nordamerikanischen Anthropologen und Schamanismusexperten Douglas Sha-ron,[17] der viele Jahre Direktor des San Diego Museum of Man war. Dann ergab

---

17 Er war einer der Produzenten des bekannten Filmes „Eduardo the healer", welcher

sich ein Kontakt mit dem Künstler/Priester Leoncio Carrión Flores aus dem Dorf Ascope bei Trujillo, von dem der erste Altar stammt. Dieser selbst nannte sich noch 2012 Heilermeister Omballec. Diesen Namen hatte er gemeinsam mit der *mesa* von seinem Großvater erhalten. Von seinem „Altar" sprach er selbst einmal als „Heilertisch" (Carrión Flores; Gálvez Mora 2012: 47). Der Heiler der zweiten *mesa*, Víctor Bravo Cajusol[18] aus Túcume, stand ganz offensichtlich mit dem Archäologen Luis Alfredo Narváez in engem Kontakt, der seit vielen Jahren für das Museum Túcume arbeitet, das bei den Fundstätten der gleichnamigen präkolumbischen Tempelbergen liegt. Der Archäologe hat auch den erklärenden Beitrag zu den Heilertischen verfasst, wobei seine Informationen zu Leoncio Carrión Flores aus zweiter Hand stammen (Narváez 2001: 255). Insgesamt sind seine Erklärungen sehr objektzentriert. Sie lassen darüber hinaus aber eine Empathie und eine Interpretation aus indigener Sicht vermissen. Dass den *mesa* in der Marburger Ethnographischen Sammlung mit größerem emischem Verständnis begegnet wird, kann hingegen als sicher gelten. Dies garantiert schon deren Leiterin Dagmar Schweitzer de Palacios (vgl. Schweitzer de Palacios 2013).

Eine *mesa* ist ein auf der Erde ausgebreitetes Tuch, auf dem heilige Artefakte platziert werden. Es sind Instrumente, um Heilungen zu vollziehen, Wahrsagungen zu treffen und mit der spirituellen Welt in Verbindung zu treten. Die Anordnung der Objekte ist gemäß der Tradition und Ausbildung eines Heilers sehr persönlich und individuell, steht aber mit allgemeinen regionalen kosmischen und kosmologischen Vorstellungen in Verbindung. Daher gibt es meist eine deutliche Aufteilung in ein linkes und ein rechtes Feld, auf denen die Elemente wie Steine, vorkolumbische Keramikgefäße, Stöcke, Speere, Muscheln und Flaschen mit Essenzen von Pflanzen aus den verschiedenen Höhenregionen des Andengebirges aufgebaut werden.

Christlich-synkretistischer Altar

Einen weiteren lateinamerikanischen Altar, in dem sich verschiedene religiöse Einflüsse vermischen, hatte man im Kunstpalast mit der Nr. 51 in der Halle 3 im ersten Obergeschoss direkt neben den Voodoo-Tempel platziert.[19] Hierhin passte er hervorragend, weil in ihm auch Voodoo-Einflüsse aus dem benachbarte Haiti erkennbar waren. Der Altar stammte aus Santo Domingo in der Dominikanischen

---

auf seinem viel beachteten Buch „Wizard of the Four Winds" basierte.

18   Er ist 2016 mit 86 Jahren verstorben.

19   Die Kopie des Voodoo Altars gelangte erst 2018 nach Marburg, nachdem er zunächst in der Bonner Altamerika Sammlung untergebracht war. Daher wurde er nicht mehr in diesen Artikel aufgenommen.

Republik. Streng besehen handelte es sich um eine Vielzahl an auf Tischen und Podesten platzierten Heiligenbildern und Statuen, zwischen denen Kreuze, Kerzen, Blumen und Gläser standen. Alles fiel durch kräftige Farben auf. Dass er den Namen „Christlich-synkretistischer Altar" erhielt, ohne einen Hinweis auf den Voodoo, dafür mögen verschiedene Gründe sprechen. Zum einen lehnt man in der Dominikanischen Republik noch in jüngster Zeit Einflüsse aus dem Nachbarland Haiti ab. Voodoo ist eben doch die Sache der Haitianer, wie eine Ethnologin einst zu hören bekam (vgl. Schaffler 2009). Der Altarname für die Ausstellung unterstreicht dem gegenüber die christlichen Anteile auf Kosten der haitianischen, und dies mag vielleicht nicht zuletzt auch den Wünschen der Gläubigen entsprechen. Als Besitzer*innen der Originalaltäre wurden María Cló, Sixto Menieur, Catalina, Rafaela und Genaro Reyes genannt. Sie wurden allesamt als Künstler*innen, nicht aber als Priester*innen vorgestellt. Die gebräuchliche Bezeichnung ihrer Religion, nämlich *misterios* (deutsch: Mysterien) oder *21 divisiones* (deutsch: 21 Abteilungen) im Altarnamen zu verankern, hätte wohl in die falsche Richtung gewiesen. Die Anthropologin Soraya Aracena hat nicht nur den Katalogtext verfasst, sondern auch mit dem Kollegen Jon Katz die Altäre aufgebaut. Wie sich das Verhältnis der Anthropologin zu den Altarbesitzer*innen gestaltete, bleibt unklar. In ihrem Katalogbeitrag „Die dominikanische Volksreligiosität und ihre Altäre" (Aracena 2001) wurden gleichwohl die wichtigen Details und vor allem die gebräuchlichen Namen erwähnt. Die „Mysterien", das heißt Heilige, geister- und gottähnliche Entitäten, werden in 21 „Abteilungen" unterteilt. Diese wiederum bilden vier Untergruppen, die analog zum Voodoo, in *petró* oder gewalttätige, *rada* oder sanfte Geister, in die *guedes* des Totenreichs und die Gruppe der *Indios* unterschieden werden. Letztere erfahren eine ähnlich spirituelle Achtung als ursprüngliche Landesherren, wie man sie bei anderen afroamerikanischen Religionen kennengelernt hat. Gemeinsamkeiten mit diesen existieren auch hinsichtlich der Wichtigkeit der Trance. Gemeinsamkeiten in den Unterschieden finden sich wiederum bei der Synkretisierung der übernatürlichen Geist- oder Götterwesen, die sich von Land zu Land und von Ort zu Ort mit jeweils anderen katholischen Heiligen ergaben. Als synkretistisch würde heute, über 15 Jahre nach der Düsseldorfer Ausstellung, kaum jemand mehr einen Altar bezeichnen. Wenn schon unter den oben vorgestellten Religionen keine war, die keine Synkretisierung durchlaufen hätte, so hat sich mittlerweile die Erkenntnis durchgesetzt, dass es insgesamt keine Religionen gibt, die nicht etwas von Nachbarn, Fremden oder Gegnern übernommen hätten.

Schlussbemerkung

Das eigentliche Ziel dieser Ausführungen war es, die Sakralinstallationen aus Lateinamerika und der Karibik vorzustellen, welche die Marburger Ethnographische Sammlung 2012 vom Museum Kunstpalast übernommen hat.[20] Dass das Konzept des „Altars", mit dem die Ausstellung „Kunst zum Niederknien" überschrieben war, nicht immer trägt, sollte auf den vorherigen Seiten deutlich geworden sein. Altäre sind – wie immer man diesen Begriff auch füllen mag – keine Kunstobjekte im Martinschen Sinne, und sie sind, wenn man sie zur Kunst transformiert, keine Altäre mehr.

Noch einen anderen Aspekt gab der Beobachter Guzmanruiz zu bedenken: Ein Zuviel an Religion auf zu wenig Raum:

> Vielleicht war es für viele schockierend, wie relativiert sich ihr Glaube angesichts so vieler Religionen in dieser Art von Turm zu Babel entwickelte. Die Aussteller, auch aus demselben Herkunftsland, stammten aus unterschiedlichen sozialen Schichten, was die Vielfalt erhöhte. Die beiden brasilianischen Priester des Candomblé, die sich geweigert hatten, ihren Altar zu weihen, sagten dem Versammlungsteam, dass andere Priester sich Kostüme und Amulette anzogen, um der möglichen Magie anderer Aussteller entgegenzuwirken. (Guzmanruiz 2007: 185)

Doch selbst die Ausstellungsmacher*innen konnten nicht die Religionen aller Altäre überblicken, sonst hätten sich in den Katalog keine sachlichen Fehler und Irrtümer bei der Übersetzung eingeschlichen. Das eine *nganga* keine Altarbeigabe ist, sondern als der eigentliche Altar gelten müsste, wurde erläutert. Dass Regla neben einer religiösen Ausdrucksform in Kuba auch ein traditionsreiches Dorf bei Havanna ist, das weiß man eben nur mit einiger Ortskenntnis (vgl. Pedroso 2001: 296). Die Huichol sind eben keine Nachfahren von Jäger*innen, Bauer*innen und „Pflücker*innen", sondern hier sind „Sammler*innen" gemeint. Ein solcher Übersetzungsfehler unterläuft dem Sachkenner, bzw. der Sachkennerin, in der Regel nicht. Und auf einer *mesa* in Peru findet sich wahrscheinlich keine präkolumbianische, sondern eher präkolumbische Keramik, die also auf die Zeit vor Kolumbus und nicht vor der Gründung Kolumbiens datiert. Die gesamte Idee, das Konzept und der Aufwand der Ausstellung waren ohne jeden Zweifel beeindruckend und betörend. Die vielfältigen Details, die die Wirklichkeit erschuf, ergeben hingegen ein etwas differenzierteres Bild.

---

20 Darunter befanden sich auch zwei Altäre aus Afrika, ein Eltron-Altar aus Togo und ein Tchaba-Altar aus Ghana. Auf sie wurde hier ebenso wenig wie auf den Voodoo Altar eingegangen. Einige Objekte der Altäre sind im Übrigen im Schauraum des Magazins der Sammlung zu sehen.

Literatur

Aracena, Soraya 2001: Christlich-synkretistischer Altar. In: Martin (Hrsg.) 2001a, 272-277.

Araújo, Emanoel (Hrsg.) 1994: *Afro-brasilianische Kultur und zeitgenössische Kunst. Art in afro-brazilian religion = Arte e religiosidade afro-brasileira.* Brasiliana de Frankfurt. São Paulo: Câmara Brasileira do Livro.

Buchloh, Benjamin H. D. 1989: „The Whole Earth Show. An Interview with Jean-Hubert Martin". In: Art in America. 77/5: 150–213.

Capone, Stefania 1999: *La quête de l'Afrique dans le candomblé. Pouvoir et tradition au Brésil.* Paris: Karthala.

Capone, Stefania 2001: Der Orisha-Altar des Candomblé „terreiro". In: Martin (Hrsg.) 2001a, 298-301.

Carrión Flores, Leoncio; **Gálvez Mora**, César 2012: „Así como en el cielo como en la tierra: Dimensión de una mesa de curandero en el Valle de Chicama". In: *Pueblo Continente* 23: 47-50.

Cohen-Solal, Annie 2014: Revisiting Magicien de la Terre. Online verfügbar: www.stedelijkstudies.com/journal/revisiting-magiciens-de-la-terre/ (letzter Zugriff 15.08.2019).

Grimm-Weissert, Olga 2014: Magiciens de la Terre. Rückschau auf eine visionäre Schau. In: *Handesblatt.* 13.04.2014. Online verfügbar: www.handelsblatt.com/arts_und_style/kunstmarkt/magiciens-de-la-terre-rueckblick-auf-eine-visionaere-schau/9758358.html?ticket=ST-781790-4Tgb1SrbYQMbsJ9nS05f-ap1 (letzter Zugriff 15.08.2019).

Guzmanruiz, Edgar 2007: Altares: arte para arrodillarse. In: Clemencia Tejeiro, Fabián Sanabria Sánchez; Beltrán Cely, William M. (Hrsg.): *Creer y poder hoy.* Bogotá: Universidad Nacional de Colombia, Facultad de Ciencias Humanas, 79–195.

Hauschild, Stephanie 2014: „Sex, Drugs, Rock ‚n' Roll und Fußball. Der BAP- Altar von Wolfgang Niedecken". In: *kunsttexte.de - E-Journal für Kunst- und Bildgeschichte.* 4.2014. Online verfügbar: https://edoc.hu-berlin.de/bitstream/handle/18452/7998/hauschild.pdf?sequence=1&isAllowed=y (letzter Zugriff 15.08.2019).

Historical Museum of Southern Florida: At the crossroads. Afro-Cuban Orisha Arts in Miami. Online verfügbar: http://historymiamiarchives.org/online-exhibits/orisha/english/orisha-e-9.html (letzter Zugriff 26.05.2019).

Irmer, Heidi. 2003: *Stiftung Museum kunst palast Düsseldort (vormals: Kunstmuseum Düsseldorf im Ehrenhof).* Wallraf-Richartz-Jahrbuch 64: 353-358.

Kim, Jong-Dae 2001: Cyber- Altar. In: Martin (Hrsg.) 2001a: 136.

Kindl, Olivia 2001: Der Wixarika-Altar der Huichol in Mexiko: Kosmografie und Ahnengedächtnis. In: Martin (Hrsg.) 2001a: 260-263.

Kindl, Olivia 2003: *La jícara huichola. Un microcosmos mesoamericano.* Instituto Nacional de Antropología e Historia, Universidad de Guadalajara.

Koerner, Swantje-Britt 2001: Interview Museums-Chef Martin: Altäre im Museum - das ist Globalisierung. Mit einer Altäre-Schau sucht Jean-Hubert Martin, Direktor des neuen „museums kunst palast", einen globalen Ansatz. In: *Frankfurter Allgemeine Zeitung 28.08.2001*, online verfügbar: www.faz.net/aktuell/feuilleton/interview-museums-chef-martin-altaere-im-museum-das-ist-globalisierung-129033.html (letzter Zugriff 15.08.2019).

Kohl, Karl H. 1993: *Ethnologie - die Wissenschaft vom kulturell Fremden. Eine Einführung.* München: Beck.

Lindsay, Arturo 2001: Thron für Shangó, Orisha-Altar. In Martin (Hrsg.) 2001a: 282-285.

Luque, Aline 2001: Eine kleine Absprache zwischen den Göttern und dem Museum. Der Altar als Gedankenfalle. In: Martin (Hrsg.) 2001a: 26-29.

Madzoski, Vesna 2015: The Magicians of Globalization: Magiciens de la Terre, 25 years later. This lecture took place on November 23rd, 2015 at the Bergen Academy of Art and Design, Norway. Online verfügbar: www.academia.edu/19093575/The_Magicians_of_Globalization_Magiciens_de_la_Terre_25_years_later (letzter Zugriff 15.08.2019).

Martin, Jean-Hubert (Hrsg.) 2001a: *Altäre. Kunst zum Niederknien.* Ostfildern: Hatje Cantz.

Martin, Jean-Hubert 2001b. Altäre. In: Martin (Hrsg.) 2001a: 8-15.

Menéndez, Láraza 2001: Die Altäre der Santería oder Regla de Ocha. In: Martin (Hrsg.) 2001a: 288-293.

Müller, Regina Polo 2001: "Tukaia"-Altar. In: Martin (Hrsg.) 2001a: 256-259.

Murphy, Maureen 2013: From Magiciens de la Terre to the Globalization of the Art World: Going Back to a Historic Exhibition. In : *Critique d'art. Actualité internationale de la littérature critique sur l'art contemporain* 41. Online verfügbar: http://critiquedart.revues.org/8308 (letzter Zugriff 15.08.2019).

Narváez Vargas, Alfredo 2001: Die Altäre der Nordküste Perus. In: Martin (Hrsg.) 2001a: 254-255.

Pedroso, Luis Alberto 2001: Altäre der kubanischen Regla Palo Monte vom verlorenen zum wiedergewonnenen Kontext. In: Martin (Hrsg.) 2001a: 294-297.

Pollak-Eltz, Angelina 2001: Der venezolanische María Lionza-Kult. In: Martin (Hrsg.) 2001a: 308-311.

Radziewsky, Elke von. 2001. Auf Crashkurs. Wie das museum kunst palast in Düsseldorf mit großem Spektakel unser Kunstverständnis umkrempeln möchte. In: *Die Zeit:*, 37/2001 06.11.2001, online verfügbar: www.zeit.de/2001/37/Auf_Crashkurs (letzter Zugriff 15.08.2019).

Rego, Ronaldo 2001: Umbanda-Altar. In: Martin (Hrsg.) 2001a: 302-307.

Rossbach de Olmos, Lioba. 2008: Orischas in der Fremde. Zur Ästhetik afrokubanischer Santería-Altäre in Deutschland. In: Münzel, Mark; Streck; Bernhard (Hrsg.): *Ethnologische Religionsästhetik. Beiträge eines Workshops auf der Tagung der Deutschen Gesellschaft für Völkerkunde in Halle (Saale) 2005.* Curupira Workshop 11, Marburg: Curupira, 47-68.

Rossbach de Olmos, Lioba 2014: CaribBerlin: Multiple Paths in the Religious Life of a German Oricha Priest. In: Kummels, Ingrid; Rauhut, Claudia; Timm, Birte; Rinke, Stefan (Hrsg.): *Transatlantic Caribbean Dialogues of People, Practices, Ideas.* Bielefeld: Transcript Verlag, 225-237.

Schaffler, Yvonne 2009: *Vodu? Das ist Sache der anderen! Kreolische Medizin, Spiritualität und Identität im Südwesten der Dominikanischen Republik.* Wien: Lit.-Verlag.

Scholz, Dieter 2001: Der Bap-Altar. Rockaltar der Gruppe BAP, Köne. In: Martin (Hrsg.) 2001a: 346-349.

Schweitzer de Palacios, Dagmar 2013: Die Macht liegt in den Werkzeugen – Andine Heiler und ihre Heilaltäre. In: Sahmland, Irmtraut; Grundmann; Kornelia (Hrsg.): *Tote Objekte - lebendige Geschichte: Exponate aus den Sammlungen der Philipps-Universität Marburg.* Petersberg: Imhof, 221-238.

Thompson, Robert Farris 2001: Afroatlantische Altäre. In: Martin (Hrsg. 2001a): 238-241.

Archiv der Ethnographischen Sammlung:

Dokumente und Schriftwechsel zur Ausstellung Altäre – Kunst zum Niederknien, Düsseldorf, Museum Kunstpalast.

Abb. 1: Arugba Shangó, zentrale Figur des Throns für Shangó (rechts), und ältere Arugba (links), Yoruba aus Nigeria; Sammlerin Agnes Klingschirn 1966.

Abb. 2: Partieller Aufbau des kubanischen Santería Altars im Schaudepot der Ethnographischen Sammlung, 2019.

Abb. 3: Altar-Gemälde des Palo-Monte-Altars.

Abb. 4: Master-Studierende inventarisieren den Umbanda-Altar, Sommersemester 2019.

Abb. 5: Der María-Lionza-Altar im Schaudepot der Ethnographischen Sammlung.

Abbildungverzeichnis

Altägypten in der Ethnographischen Sammlung

Geschichte(n) um Altäre

Die Autorinnen

Schabnam Kaviany

Marburg, Ethnologin und Bildende Künstlerin; Doktorandin am Institut für Vergleichende Kulturforschung - Religionswissenschaft und Kultur- und Sozialanthropologie der Philipps-Universität Marburg; Regionale Schwerpunkte: Costa Rica und Zentralamerika; Themen: Ethnobotanik, Kosmovision/Ontologien, Bildende Kunst.

Lisa Ludwig

Göttingen, Ethnologin und Erziehungs- und Bildungswissenschaftlerin; Doktorandin am Forschungskolleg „Wissen | Ausstellen" der Georg-August-Universität Göttingen; ehemalige Mitarbeiterin am Institut für Vergleichende Kulturforschung - Religionswissenschaft und Kultur- und Sozialanthropologie der Philipps-Universität Marburg; Regionale Schwerpunkte: Mexiko, Zentralamerika und Kaukasus; Feldforschung: Mexiko; Themen: Soziale Bewegungen, politischer Aktivismus, materielle Kultur.

Lena Muders

Marburg, Altamerikanistin und Ethnologin; studentische Mitarbeiterin in der Ethnographischen Sammlung der Philipps-Universität Marburg; regionale Schwerpunkte: Andenraum und Deutschland; Feldforschung: Andenraum und Chiquitanía (Bolivien) und Marburg (Deutschland); Themen: Museen und Sammlungen, materielle Kultur, Ritual und Kosmovision/Ontologien.

Lioba Rossbach de Olmos

Niederbrechen, Ethnologin; ehemalige Wissenschaftliche Mitarbeiterin in DFG-Projekten über die afrokubanische Santería-Religion am Institut für Vergleichende Kulturforschung - Religionswissenschaft und Kultur- und Sozialanthropologie der Philipps-Universität Marburg; regionale Schwerpunkte: Kuba, Kolumbien, Bolivien; Feldforschungen: Chocó (Kolumbien), Kuba, Deutschland; Themen: afroamerikanische Kulturen und Religionen, Umweltthemen und indigene Völker.

Dagmar Schweitzer de Palacios

Marburg, Altamerikanistin und Ethnologin; wissenschaftliche Mitarbeiterin und Kuratorin in der Ethnographischen Sammlung der Philipps-Universität Marburg; regionale Schwerpunkte: Andenraum und angrenzendes Tiefland, Deutschland; Feldforschung: nördlicher Andenraum (Ecuador) und Berlin (Deuschland); Themen: Medizinanthropologie, Schamanismus, Migration, Museumsethnologie.

Die Reihe „Ethnologie im *kula* Verlag"

Ingo W. Schröder

Lokalität und Identitätspolitik
Öffentliche Inszenierungen von Geschichte und Kultur
bei den White Mountain Apache in Arizona
(19. bis 21. Jahrhundert)

Ethnologie im *kula Verlag*

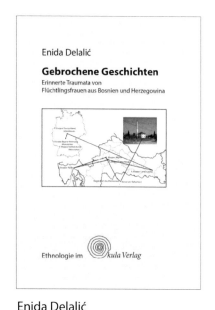

Enida Delalić

Gebrochene Geschichten
Erinnerte Traumata von
Flüchtlingsfrauen aus Bosnien und Herzegowina

Ethnologie im *kula Verlag*

Ingo W. Schröder
Lokalität und Identitätspolitik
Öffentliche Inszenierungen von
Geschichte und Kultur bei den
White Mountain Apache in
Arizona (19. bis 21. Jahrhundert)
Ethnologie im *kula* Verlag, Bd. 3
326 Seiten, s/w, Softcover.
ISBN 978-3-945340-01-1

Enida Delalić
Gebrochene Geschichten
Erinnerte Traumata von Flücht-
lingsfrauen aus Bosnien und
Herzegowina
Ethnologie im *kula* Verlag, Bd. 2
322 Seiten, s/w, Softcover,
11 Abbildungen.
ISBN 978-3-945340-02-8

Der Name des *kula* Verlags ist dem Ringtauschsystem der Trobriander entliehen, das der Ethnologe Bronisław Malinowski in „Argonauten des westlichen Pazifik" (1922) beschrieb. Gegenstände des „Kula" zu erwerben, sie zirkulieren zu lassen und auf bestimmte Weise zur Schau zu stellen, ist einer der Hauptgedanken des Systems. Er begleitet die Publikation von Dissertationen, Habilitationen und Tagungsbänden, die im *kula* Verlag erscheinen.

kula Verlag Dr. Edgar Bönisch
Schenkendorfstr. 28, 60431 Frankfurt am Main
Tel. +49 (69) 716 769 33, info@kulaverlag.de, www.kulaverlag.de

Das Humboldt Forum
und die Ethnologie

Ein Gespräch zwischen
Karl-Heinz Kohl
Fritz Kramer
Johann Michael Möller
Gereon Sievernich
Gisela Völger

kula Verlag

In der Reihe:
„Der ethnologische Blick"

Das Humboldt Forum
und die Ethnologie
Ein Gespräch zwischen
Karl-Heinz Kohl
Fritz Kramer
Johann Michael Möller
Gereon Sievernich
Gisela Völger

Reihe: Der ethnologische Blick, Band 1
164 Seiten, 5 Abbildungen, Paperback
ISBN 978-3-945340-07-3
€ 17,- (D), € 17,50 (A)

„Dieses Buch sollte zur Pflichtlektüre für alle Kulturpolitiker werden, die sich zum Humboldt-Forum äußern oder auf seine Gestaltung Einfluss nehmen wollen."
Frankfurter Allgemeine Zeitung
Andreas Kilb: „Wer nicht tauscht , ist ein Kannibale"
10. Mai 2019

„Die klugen Einwürfe in diesem Gesprächsband (...) können und wollen die Zweifel am Humboldt Forum nicht zerstreuen, doch mit historischer und ethnologischer Sachkenntnis wird das allzu platte und selbstgerechte Bild, wonach die Geschichte der völkerkundlichen Sammlungen im Wesentlichen eine Kriminalgeschichte ist, erheblich differenziert. Damit wird ein Diskussionsstandard gesetzt, hinter den es hoffentlich kein Zurück gibt."
Sachbücher des Monats
Die Welt/ WDR 5/Neue Zürcher Zeitung/ORF-Radio
Österreich1
Prof. Michael Hagner (ETH Zürich):
Besondere Empfehlung des Monats Juni 2019

Aus dem Inhalt: Ausgangsidee und Geburtsfehler des Humboldt Forums / Raubkunst, Restitution oder *shared heritage*? / Ethnologische Museen im Vergleich / Inszenierung oder Wissenschaft? / Sakrale Objekte / Weltmuseum oder historischer Erinnerungsort? / Die Konstruktion des Indigenen und der *savage slot* / Forschen und Bewahren. Was bleibt in Dahlem? / Museums- und Universitätsethnologie. Getrennte Wege?

Schlagworte: Restitution, Raubkunst, Humboldt Forum, Kolonialismus, Provenienzforschung, Shared heritage, Museumsethnologie, Sakrale Objekte, Savage slot, Universitätsethnologie, Debatte

Erhältlich im Buchhandel, über Amazon oder direkt bei info@kulaverlag.de

kula Verlag
Dr. Edgar Bönisch
Schenkendorfstr. 28
D-60431 Frankfurt am Main

Telefon 069 - 716 769 33
info@kulaverlag.de
www.kulaverlag.de

kula Verlag
Fachverlag für Ethnologie
und Kulturwissenschaften

CURUPIRA WORKSHOP

im